加納邸

お座敷ダイニングの家

平屋建て大屋根の家

暖炉のあるアンティークな家

ワンピース思考の仲間が、木の家を建てる!!

加納文弘

はじめに

本書は、次の5人の読者に向けて書いた。この本の向こう側にいる読者を1人1人思い浮かべながら書いたのだが、うまく伝わっているだろうか。

1. 我々の仲間（加盟店）と、仲間になろうと考えている人
2. 木の家が大好きで、家を建てようと考えているお客様
3. 木の家を建ててくださったお客様
4. 我々に関わるすべての人とその家族
5. 一般企業の経営者

家を建てようと考えたとき、多くの問題が押し寄せてくる。お金の問題、土地の問題、住宅規制の問題、その他もろもろだ。

私たちは、どんな問題が起きても決してあきらめない。数々の不可能を可能にしてきた実績がある。具体的なエピソードは本編で紹介しているので、ぜひ読んでいただきたい。

家を建てるとき、とにかく安ければいいという考え方もあるかもしれない。世界のどこにもない個性的な家を建てたいという願望もあるだろう。

家というのは、高額な商品だ。一生に一度ともいわれる大きな買い物である。妥協はするべきではない。

ハウスメーカーは売ったら終わりかもしれないが、お客様は一生、その家に住み続けなければならないのだ。家は長い目で見なければならない。

家を建てるとき、どこの会社に注文するか？

長期的な展望で住宅会社を選ぶという視点が必要ではないだろうか。

本書では、我々サイエンスホームがどんな思いで家を作っているのかを書いた。他のハウスメーカーには真似のできない家づくりを実現していることがよく理解できると思う。本書を読んでいただければ、家づくりに関する不安や悩みが1グラムくらいは軽くなるはずだ。

サイエンスホームの家づくりの理念には「ワンピース思考」というのがある。「ワンピース思考」というのは、仲間を大切にし、一生のお付き合いをするという心意気だ。お客様も、私たちの大切な仲間である。その仲間が困っているときに、命がけで助けるのが「ワンピース思考」だ。だから、家を売ったらそれで終わりではない。一生お付き合いする。現に、私の片腕の大石専務取締役は、以前私から家を買ってくれたお客様である。そして今は、最も近しい仲間でもある。

本書は一般企業の経営者にも役立つはずだ。

政府は景気は回復しているという。しかし、中小企業の経営はますます厳しくなるばかりだ。地方にいくと悲惨である。これはどういうことか?

景気が回復しているのは、大企業だけだ。中小企業や庶民は、大企業が先に潤って、末端へお金が流れてくるまで我慢しろというのだろう。

要は弱者切り捨ての時代だということだ。そんな時代に中小企業はどう生き残っていけばいいのか?　経営者は日夜悩んでいる。中小企業の経営者は孤独だ。真夜中に1人涙している経営者もいるだろう。

その悩みの1つの解決策が「ワンピース思考」である。弱者も、集まれば強者に勝てるのだということを、本書を最後まで読んでいただければ理解できるはずだ。また、どのように弱者同士が手を結べばいいのかも、丁寧に解説している。

「ワンピース思考」というのは、ただ単に仲間が集まるということではない。個が強くなる必要がある。そのためには、学ぶことだ。学ぶことは、変化し、成長することでもある。成長し続ける個が集まった組織こそが最強の組織だ。

そして、もう1つ。決して、決して、決してあきらめないこと。不可能を可能にするという心意気も「ワンピース思考」の根幹の1つである。

前説はこれくらいにして、そろそろ開演の時間だ。

さあ、不可能を可能にした家づくり、サイエンスホーム（ワンピース）の冒険が始まるぞ！

株式会社サイエンスホーム
代表取締役　加納文弘

はじめに …… 6

◎目次

第4章　変わり者たちが集まってきた……139

●私はあきらめない男だと思う……140
神奈川・東京多摩エリアマネージャー　株式会社ＭｉｌｋｙＷａｙ　取締役　建築プロデューサー　三角　豪さん

●精神的な影の会長……145
中日本、中国・四国エリアマネージャー　株式会社サイエンスホーム中日本　取締役会長　出口　秀治さん

●バリバリの営業マン……151
近畿エリアマネージャー　ＫＳクリエイト株式会社　代表取締役　久我　宏明さん

●お互いに嫌いだった反骨男……159
東日本エリアマネージャー　サイエンスホーム東日本ＨＤグループＣＥＯ　廣瀬　由崇《よしたか》さん

●一人でなんでもやってしまうマルチプレーヤー……166
九州エリアマネージャー　小山工建株式会社　取締役　社長　日当瀬《ひなたせ》　賢さん

第5章　強者《つわもの》たちが仲間に加わった……175

●ファミリーでサイエンスホームの大ファン……176
北海道・東北エリアマネージャー　株式会社橋長　会長　橋本　好司《よしつぐ》さん

●給料泥棒から伝説の3億円男へ……181
静岡エリアマネージャー　株式会社サイエンスウッド　代表取締役　影山　真人《まこと》さん

●風神とよばれている男……187
株式会社サイエンスホーム　ゼネラルマネージャー　平野　秀次さん

●雷神とよばれている男……193
株式会社サイエンスホーム　ゼネラルマネージャー　渡邉　清也《せいや》さん

●敵じゃないよ、みんな仲間だよ……197

あとがき……202

第1章

うちはワンピースや！

●「ワンピース思考」とは？

うちの会社は変わっていると言われる。当の本人は特に変わったことをしようと思っているわけではないが、そう言われることが多い。

例えばフランチャイズであるにもかかわらず、加盟金を取らない。ロイヤリティもない。フランチャイズの加盟店になりたいと申し出た会社を集めて説明会を行うが、勧誘はしない。ときにはフランチャイズの加盟店支援の営業活動で九州や北海道まで無償で出向く。

木の家にこだわり、質の高い家を建てる。お客様の満足度もとても高いが、価格は安い。

価格が安いから満足度が高いのではない。満足度が高いのに、なおかつ安くする。

こんなことは数え上げればきりがない。そう指摘されると、普通とは逆のことをしているので、確かに変わっているかもしれないと思う。

では、何故なんだろう？

そう考えたときに、いつも心がけていることに思い当たる。

「ワンピース」だ。

いや、洋服のほうじゃない。少年ジャンプに連載され大ヒットしている国民的漫画の「ワンピース」だ。累計発行部数は3億2000万部を突破し、海外だけでも6000万部売れている。海外では翻訳版が35以上の国と地域で売られているそうだ。最近では大阪のUSJで期間限定のアトラクションショーになったり、市川猿之助がスーパー歌舞伎として演じたので、そちらで初めて知ったという人もいるかもしれない。

それでもまだワンピースを知らないという方のために、ざっとあらすじだけ紹介しよう。ワンピースの主人公はルフィである。このルフィは海賊の中の海賊である海賊王になることを目標としている。その昔、海賊王と呼ばれた男が世界の全てを手に入れ、その象徴として遺した「ひとつなぎの秘宝（ワンピース）」を巡って、海賊たちが覇権争いする話である。

ときに海賊同士で争い、ときに海軍を相手に大立ち回りを繰り広げながら、秘宝ワンピースを求めて島を巡り、次の目的地である島の情報を手に入れ旅を続ける。ワンピースの魅力は、読者一人一人によって違うのだろうが、一番大きなところは「仲間」というキーワードだろう。

主人公のルフィは海賊王を目指しているのに泳げない。それは悪魔の実というものを誤って食べてしまったからだ。泳げなくなる代わりに手に入れたのは全身がゴムのように伸び縮みするゴム人間の身体だ。正直言って、海賊として適した能力とは、とてもじゃないが言えない。戦いに向いているわけでもない。航海するのに役立つわけでもない。それでもルフィは海賊王になることを諦めない。自分ひとりでは何も出来ない代わりに、自分の能力を補う仲間を集めていく。

二刀流ならぬ三刀流を使いこなす剣士、ロロノア・ゾロ。気圧の変化を肌で感じることのできる航海士としては秀逸なナミ。戦闘能力も高い凄腕の料理人、サンジ。同じく悪魔の実を食べ人間の身体を持つことになったトナカイの船医、トニートニー・チョッパー。

それぞれに弱点を抱えながらも、一癖も二癖もある連中をルフィはまとめあげ、仲間にしていく。そう、部下にしていくのではなくて仲間にしていくのだ。

そして仲間とともに行く先々の島々で困っている人たちの問題を解決しながら旅を続ける。何があっても仲間を信じ、仲間を見捨てたりすることなく、仲間と協力しながら、共に悩み、乗り越え、そして少しずつ力をつけながら航海を続ける。

このワンピースという話はサイエンスホームの基本理念にとても似ている。加盟店という仲間を増やすことによってサイエンスホーム自体が強くなる。しかも加盟店は、同じくサイエンスホームに加盟している仲間と協力しながら、加盟店自身も力をつけていく。

数が集まって強くなるだけではない。集まった個が、それぞれ力をつけて強くなるのだ。成長する仲間がどんどん集まれば、当然、強さは加速していく。これがサイエンスホームが広がる原動力ではないかと思う。

さきほどのワンピースの話で言うと、話の中にはルフィたちの海賊団「麦わらの一味」以外にも多数の海賊団が登場する。そしてそのほとんどが圧倒的な戦力を持つ船長を頭にして、その他大勢の部下である乗組員を従えている。その他大勢の乗組員たちは上司である船長や幹部の言うことを聞き、従順にその指示に従う。この構図は海賊団だけでなく、海軍にすら共通する組織の構図である。

しかし麦わらの一味と呼ばれるルフィたちは少し様子が違う。もちろんルフィは船長として指揮を執るのだが、絶対的権力でトップダウンのやり方はしない。仲間と話し合って、仲間のためを考えて、仲間が納得する方法で行動する。たまにルフィが先走って強引に物事を進めるときもあるのだが、それはご愛嬌。その強引さも仲間である乗組員に対する愛情からだと、みんなも最終的には気づく。いや、もしかしたら最初からわかっているのかもしれないけど。ルフィたちの強さや成長度合いは実はこの他の海賊団や海軍達との構造の違いではないかと思うのだ。と、ここまで話してきたことで、あることに気づかないだろうか？

何かの構図に似ていると思わないだろうか？

そう、会社の組織と酷似している。もっというと一部上場の大企業ではなく、中小企業。オーナー社長が絶対的権力のもとにリーダーシップを発揮する。従業員達は文字通り、従順に、業務をこなす。めったに社長に提言する社員や従業員はいない。

「下町ロケット」という話がある。直木賞を受賞し、テレビドラマも社会現象となった。この話は、社員が社長の決断に対し「納得がいかない」と反発し、反発しながらもきちんと提言し、社長もその意見を汲み取りつつも悩み葛藤する。みんなが組織のことを考え、社長を含めた従業員全体のことを考える。そういう組織に対する愛情やチームワークが読者・視聴者に支持された理由の一員ではなかっただろうか。

この姿はまさに乗組員を仲間と捕らえ、みんなで「麦わらの一味」を守り立てようとするワンピースの話、そのものではないだろうか。

これらの話は所詮、漫画の中の話である。娯楽用に作られた小説やテレビドラマの話である。現実にはそんなこと、できっこない。そう決め付けるのは簡単である。ただ、考えてみて欲しい。そんな漫画やテレビドラマのようなことが、自分の職場で起こったら、わくわくしないだろうか？　今まで考えてきた「働く」という概念ががらりとかわらないだろうか。不可能だと断定してしまえば、そこから先の進展はない。不可能を可能にする。その心意気からこそ、新しいわくわくする展開が始まると私は思っている。

そんな会社が現実にあるのか？　それに近い会社ならある。それがサイエンスホームだ。次からはサイエンスホームの成り立ちや仲間たちを見ながら、この「ワンピース思考」を説明していこうと思う。

●二人で始めたサイエンスホーム

さて、今でこそワンピース思考と銘打って「うちはワンピースや」と皆に言っているが、最初からそんなことを考えていたわけではなかった。もう少し正確に言うと、初めにワンピース思考ありきで会社を始動させたわけではなく、結果的にあるときを境にワンピースを強く意識してサイエンスホームを運営するようになった。

振り返ると奇しくもその第一歩からワンピースに導かれていたように感じる。

私は温もりのある木の家が大好きだ。木の家の良さを皆にわかってもらって広めていきたい。最初にワンピース思考ありきではなかったと言ったものの、この夢は、私一人で成し遂げられるとも思っていなかった。仲間が必要だった。

株式会社サイエンスホーム
専務取締役　大石晃弘

最初の仲間は現在、サイエンスホーム専務取締役の大石さんだった。

営業のスペシャリストである大石さんは、ワンピースで言えばルフィとは血のつながりこそはないが、兄弟として育ったエースだ。大石さんという人間は、仲間や会社のためなら命を張って守るタイプ、まさにエースだ。大石さんとの出会いはもう、20年以上も前のことだが、当時の大石さんは住宅業界にいたわけではなかった。元々はアパレル業界で営業をやっていた。トップセールマンだった。では、どこで出会ったのか？

実を言うと、大石さんは私のお客様だったのだ。私が大石さんの家を建てたのがきっかけで、住宅業界に来ないかと声をかけたのだ。この辺の話はとても面白いのだが、「ワンピース思考」の話とは掛け離れてしまうので、また別の機会にお話ししよう。

私は営業の全てを専務の大石さんに任せている。先日、大石専務と話していると、私が全てを任せているということを普通ではないと言う。

大石専務が不意に聞いてきた。

「加納社長、本当に僕のやることに口を出しませんね」

「そりゃ、任せてるんだから当然や」

そう私が答えると、大石専務はこう続けた。

「でも、加納社長は高校卒業してすぐに石川のハウスメーカーに入ったんでしたよね。そして浜松に赴任して営業マンになったんですよね」

「そうだよ」

「その会社には営業マンが何人くらいいたんですか？」

「どのくらいだろう。うーん、150人くらいかな」

「前に、その営業マンの中でトップセールスになったって言ってましたよね？」

確かに営業成績で1位になった。書籍に取り上げられたこともある。でも、それがどうしたというのだろう？

「いや、加納社長。普通は営業成績で一度でもトップになった人間は色々と口を出したくなるもんですよ。例えば、お前のやり方は違うとか、こうしなければ売れないとか。普通はそういう風に言いたくなっちゃうもんですよ。それなのに一切何も言わないから普通じゃないですよ」

褒められてるのか、けなされてるのかわからない。褒められてるんだよな？

「いやいや、わしはわからんから、大石専務にやってくれと言うとるだけや。営業のことは、大石専務にはかなわん」

苦笑いしながら答えた。

「まあ、そうなんですけどね」

大石専務はそう言って笑った。そこは少し謙遜してくれよ、わしが社長なんだからと思いながら、またもや苦笑いする。

営業のことは、大石専務にはかなわん。こんな事を言う社長が世の中に何人いるだろう？しかし、この言葉に嘘はない。それが心に刻み込まれた出来事があった。それはサイエンスホームとして会社を興す、ずっとずっと前のことだ。
20代から私は木の家にこだわりを持ち研究を続け、真壁工法の商品を開発した。真壁と書いて「しんかべ」と読む。真壁と言われても住宅業界の人間以外にはピンと来ないかもしれない。木造住宅には大きく分けて2種類ある。真壁工法と大壁工法だ。

真壁工法というのは家を支える柱がそのまま化粧材として表面に露出する壁の作りのこと。わかりやすく言うと、日本最古の木造建築物、法隆寺や京都・奈良の神社仏閣のような作りのことだ。床の間の横に太い柱があったり、部屋と部屋の間に柱があって、柱と柱の間を漆喰や土壁などで仕上げたりすることも多い。昔ながらの日本家屋というイメージがしっくりくるかもしれない。

対して大壁工法というのは、柱や筋交いが壁面の外に表れることがないように、覆い隠すようにした構造のこと。洋間などに多く、パネル構造や2×4工法などをイメージすると分かり易いかもしれない。

一般に大壁工法は壁内部に筋交いや補強金物、配管設備、断熱材、遮音材などが入れやすいのが利点といわれる。逆に柱が露出する真壁工法は、柱が空気に触れて、温度・湿度が調整しやすく、耐久性がよいと言われている。湿気の多い日本の風土には最も適している。

私はこの真壁工法で従来よりも低価格を実現した新しい家を開発した。

「これは売れる！」

私は直感した。この価格、この品質、この洗練されたデザイン。これは黙っていても注文が殺到するに違いない。

それに異を唱えたのが当時、営業部長だった大石さんだった。

「加納さん、売れるのは商品じゃない。営業マンですよ」

私は自分が開発した真壁工法の新しい商品の凄さを大石さんに説明した。これがどれだけ従来のものと比較して、素晴らしいか。これを知ったら、誰でもこの家を建てたいと思うに違いないと。しかし、大石さんはなおも言う。

「違います。住宅は、人が売るんですよ」

私も意地になった。自分が開発した画期的な商品にケチをつけられたと感じていたのかもしれない。

「こんな良い商品だったら、営業マンなんかがいなくったって売れるわ」

私は豪語した。それを聞いた大石さんの表情は険しかった。

「わかりました。じゃ、売ってみてください。自分は売りませんから」

静かな物言いだったが凄みのある言い方だった。大石さんは自分の部下たちに私の商品は売らなくてもいいから、もう一方の商品である高価格の大壁工法に力を入れるように指示を出したそうだ。

私は強気だった。住宅を選ぶのは営業マンではない。選ぶのはお客様だ。そして住宅は、お客様にとって一生に一度の大きな買い物だ。だったら、価格が安くて、しかも質が高い新商品の真壁工法の住宅を選ぶに決まっている。仮に大石さん率いる営業部にそっぽ向かれても、会社は営業だけじゃない、注文が殺到するに違いない。商品には絶対の自信があった。

だが、私の目論見は見事に外れた。全く売れない。別に勝ち負けを競っていたわけではないが、私の完敗だった。もう、いてもたってもいられなかった。新年を迎えたその正月2日だった。私は大石さんに電話して、呼び出した。私は自分の考え違いを詫びた。

「大石さん、わしが悪かった。頼む。売ってくれ」

「わかりました」

大石さんは静かに答えた。そして、実際に私が開発した現物を初めて見に来た。おそらくは自分の部下達に大号令をかけたのだろう。この日を境に私の真壁工法の新商品は飛ぶように売れた。かつてないくらいの売れ行きだった。当初、頭に描いていた通りの注文が殺到する光景を目の当たりにした。

複雑な気持ちだった。もちろん嬉しい。注文が殺到して嬉しくないわけがない。私の開発した商品が認められたのだ。と同時に大石さんの言うことが正しいと証明されたのだ。しかも、これほどまでに明白に。「売るのは営業マン。人が売る」大石さんの言葉が思い出された。

私は考えを改めた。今までは良い商品を作れば売れると思っていた。良い商品を作ることが最も大事なことだと考えていた。そして、そこに注力してきた。しかし違った。大事なのは営業マン（人）だった。だが営業だけが重要というわけでもなかった。商品と営業は車の両輪。こんな単純なことに気付くまでに随分時間がかかってしまった。

商品はいくら良くても営業が悪かったら売れない。営業がいくら優れていても、商品が悪かったらクレームになる。その考えは苦い経験と共に私の中に深く刻み込まれた。

この一件以来、私は営業に関することは大石専務に任せることにした。任せるからには全面的に任せる。だから口出しは一切しない。これは私にとってはとても自然なことだ。違和感もない。一般的にはそれが普通ではないと思うかもしれないが、大石専務もこれこそが一番の信頼と感じてくれている。

私の全面的に任せる姿勢と、それを信頼と受け取り自由に動く大石専務を、普通ではないと思う人は多い。けれど、こんなことを言ってくれる人もいた。

その人によると、リーダーには2種類あるのだそうだ。作家の司馬遼太郎さんが提唱しているのが長州型のリーダー像と薩摩型のリーダー像の2種類なんだそうだ。

長州型は優秀なトップがきっちり管理して、逐一指示を出す。天才型の人が多く、自分の確固たる理想やビジョンを部下に体現させる。薩摩型は自分より優れているという人材を探し出してきて、ぽーんと登用する。その人が仕事をしやすいような環境を整えて、後は一切合切任せて、最終的な責任は自分で取るというやり方。

「加納さんはまさに薩摩型リーダーですよ！」とその人は熱く語ってくれた。

三国志に例える人もいた。

「加納さん、三国志には劉備と曹操という武将がいるんですよ。曹操は物凄いリーダーシップを発揮して戦略や戦術も全て自分で決めるんです。ところがそういう人の下には、あの有名な軍師である孔明は行けないんですよ。だって自分を脅かすものとして曹操に殺されてしまうじゃないですか。自分より優秀な奴は早いうちに芽を摘んでしまう。孔明が行ったのは劉備の下。劉備は何かにずば抜けて優れていたわけではないんですが、優れた人間をすぐに登用して、全部任せることができた。加納さんは劉備タイプですよ。そしてね、加納さん、今だに人気があるのは、曹操ではなく劉備なんですよ」

褒めてもらえるのは大変嬉しいのだが、別にそんな大層なものではなく、ただ単に営業のことは、大石専務にはかなわないと思っているから、全部任せているだけだ。それを一々説明するのも面倒なので、「いやぁ、そんな大層なもんじゃないですよ」とだけ答える。すると相手は何故か「さすがですね。いや、本当に素晴らしい」と妙に感心してくれる。

とにかく、大石専務とのこの一件で、私は3つのことを学んだ。

1つ目は、「商品と営業の2つがかみ合わなければ売れない」ということ。売れないということは、言い換えれば、お客様のお役に立つことができない、お客様に喜んでいただけないということだ。

2つ目は、その商品と対をなす営業では「大石専務にはかなわない」ということ。

3つ目は、「仲間の大切さ」だ。私は大石専務という仲間がいたからこそ、営業の大切さを理解できた。仲間ではなく、単にビジネス上の取引先であれば、ケンカになるほどまでに本音で意見をぶつけてくれなかっただろう。

経営者というのは案外、孤独なものである。工務店などの中小企業では、それはとても顕著である。社長はどうしてもワンマンにならざるを得ない。ダイナミックかつスピーディーに方針を決め、舵を切っていかなければ、とても大手の企業には太刀打ちできない。小回りが利くことが中小企業の強みだからだ。もしも、大手のように社内稟議や議論に時間がかかるのでは、その強みさえなくなる。必然として、中小企業の社長は、決断が早く他に惑わされなくなる。そうなると部下たちは当然のようにトップである社長に意見をしにくくなる。トップが絶大な決定力を持つこと自体は決して悪いことではない。ただ、それと引き換えに相談できる者、トップに対して提言してくれる者を失う。このデメリットは無視できない。

その点で私は恵まれている。当時も今もミルキーウェイという工務店の社長の大石専務が、何でも言ってくれる仲間として最初からいてくれた。二人で工務店の社長同士、同じ目線で考えることができたということだ。お互いに工務店の社長同士だが、さらにサイエンスホームという会社を一緒に立ち上げることができたからだ。

この「お互いに社長」であるという、ある意味「対等な関係」は、後にサイエンスホームとしてフランチャイズを展開するときに大きな影響を及ぼすことになる。

従来のフランチャイズの図式である「本部と加盟店」という関係ではなく、「仲間」という関係。極端な言い方をすれば、従来のフランチャイズの構造は「君主と兵隊」であるのに対して、サイエンスホームのフランチャイズは「本部と加盟店は仲間」「加盟店同士も仲間」と言い換えてもいいかもしれない。

サイエンスホームの根幹をなす、この「仲間」という概念の「ワンピース思考」は、大石専務と仲間になることで芽吹いた。そして、この「ワンピース思考」は仲間が増えれば増えるほど、花開くことになるのである。

●ワシらにも売らせてくれ

新しく開発した真壁工法の商品の評判は上々だった。私は行く先々で、この新商品の話をしていた。自分の考えた家が求められるのが嬉しかった。自分の考えた家が喜んでもらえるのが嬉しかった。そして、自分の考えた家が実際に建っていくのが、なにより嬉しかった。だが、私がサイエンスウッドを立ち上げた2006年、大石専務がミルキーウェイを立ち上げた２００７年、それから1年間はサイエンスウッドの地盤の浜松と、ミルキーウェイの地盤の横浜だけが、我々の活動範囲だった。

変化が起き始めたのは２００８年だ。お客様からのお問い合わせが続いていたのはもちろんだったが、工務店の中にもこの商品に興味を示す者が現れ始めたのだ。その初期段階で興味を示した人たちの中に出口さんがいる。行く先々で真壁工法の新商品の話をしている中で、出口さんはすぐにこの家に興味を示してくれた。どちらから言うともなく「ワシにも売らせてもらえんやろうか？　うちでも、その家を建ててみたい」という話になった。

出口さんには現在、名古屋を中心とした中部地区のエリアマネージャーをやってもらっている。実を言うと出口さんとの付き合いは古い。もうかれこれ40年近い付き合いになる。私が高校を卒業して、地元石川のハウスメーカーに就職したときの先輩が出口さんであった。

その会社を退職し、私は浜松でビジネスパートナーと住宅会社を興した。大石専務をこの業界に誘ったのもこの頃だ。興した会社は順調に売り上げを伸ばしていったが、経営方針の違いから、私はその会社を15年ほどでしりぞいた。そのときに相談にのってもらったのが出口さんだった。今では、サイエンスホームで共に温もりのある木の家をお客様に勧める仲間である。

出口さんは、石川県の共に働いた会社を退社された後、全国の建築資材工場のコンサルタントを経て、独立した。独立した場所は、出口さんとは縁もゆかりもない名古屋だった。何故、名古屋だったのか？　出口さんによると、困難な場所で、景気も悪い状態のときに始めたかったそうだ。そうすれば、後は、上がっていくだけだからという考え方らしい。関東は理で商売ができる。関西は情で商売ができる。名古屋はそのどちらでもない文化圏、つまり理も情も通じないから、商売が難しい土地柄なんだそうだ。

しかも当時は山一証券や北海道拓殖銀行の破綻などが相次ぎ、世間は景気もムードも澱んだ状態だったそうだ。

普通だったら、商売がしやすい場所で、景気のいいときに独立するだろう。逆を行くところがとても出口さんらしい。さらに出口さんの凄さは、緻密なマーケティングにある。

名古屋で商売を始めようとしたときに考えたそうだ。住宅の着工戸数はかなり減っている。住宅業界で育ってきた自分に何ができるか？　住宅着工がピークだったのは20年前くらい。とすれば、そろそろ住宅の修繕や改装が必要になってくるだろう。出口さんの考えはこうだった。

新築住宅も20年も経過すれば、リフォームが必要になる。名古屋地区で20年くらい前に一番多く家が建てられた地区はどこか？　名古屋市天白区だった。天白区とそれに隣接する緑区、日進、東郷。この地区の人口は約50万人。潜在的なリフォーム受注額を見積もると３００億円。このうちの１％、３億円を目標としビジネスをしかければいい。結果、４年間でその３億円は達成したそうだ。

出口さんは陽気で人懐っこく誰にでも話しかける。誰にでも名刺を渡し、オヤジギャグを交えた冗談を言い、すぐに打ち解けてしまう。その裏でこれほどまでに緻密なマーケティングに基づいて戦略を立て、それを実行して成果をきちんと数字で出す。繊細にして大胆、緻密にして豪快。そんな出口さんに私の商品が認められたのがとても嬉しく、そして自信になった。サイエンスホームが愛知県へ進出する、足がかりができたのだった。

出口さんが仲間になってから約半年後、今度は京都の久我さんが興味を示してきた。久我さんには現在、関西のエリアマネージャーをやってもらっている。久我さんは出口さんとは違って昔からの知り合いというわけではない。いわば全くの新規で私の商品に興味を示してくれた人だ。

元々は大手ハウスメーカーで営業、管理職、経営管理などを経験されてきた生粋の住宅業界育ちだ。ところが悩みを抱えていた。ありきたりの家を、高額で売ることに疑問を感じたのだそうだ。そこで、独立となるのだが、疑問を感じた以上、興した会社で、同じことをするのはどうしても避けたかったそうだ。だから、リフォームを請け負う会社を設立されたらしい。

ところが、リフォーム業は一件当たりの収益が少なく、会社の資金繰りも潤沢とはいいがたい状況で、意気消沈する毎日だったそうだ。けれども、理想に従って独立した以上、それを覆すような戸建には手を出さない、という意地もあったそうだ。

意地と資金繰りを秤にかけ、最初は意地に傾いていた秤も徐々に資金繰りの方が重くのしかかってきた。いよいよ背に腹は替えられなくなり、戸建の建築を請け負った。木造の真壁づくりの家だった。大手ハウスメーカーに疑問を感じている身としての、ギリギリのプライドと選択だった。収益はリフォーム業とは比べ物にならないほど大きかったらしい。

「やはり安定的な収益を確保するためには住宅で行くしかないか」

そこへ、昔から馴染みのある工務店から信じられない言葉を聞いたそうだ。

「これと同じような家が坪単価45万円であるらしいで」

久我さんは真壁づくりの木造を坪単価75万円で請け負っていた。坪単価45万円といえば、ほぼ半額だ。久我さんは、すぐには信用しなかったそうだ。

「冗談やろ。坪45万て。そんなん、あるわけないわ。嘘言うたら、あかんわ」

「嘘やのうて、ほんまに坪45万でやってはるらしいで」

「どこの会社や？」

「浜松らしいで」

久我さんは私に電話をかけてきた。そして、すぐに浜松のモデルハウスに見学に来た。2010年1月25日のことだった。

私が出迎えると久我さんは少し驚いていたようだった。「社長じきじきにお出迎え頂くとは、恐縮です」と言っていた。私の開発した商品に興味を持ってくれて、わざわざ京都からお越し頂いているのだから、私が出迎えるのは当たり前だ。しかし久我さんにとっては当たり前ではなかったようだ。

私は展示場を2ヶ所案内した。その後、私の自宅も展示場代わりに案内した。これも久我さんを驚かせたらしい。大手ハウスメーカーなどでは社長や取締役は、自分たちがお施主さんに売っている家とは全く違う家に住んでいることも往々にしてあるようなのだ。それなのに私は自宅をモデルハウスとして紹介する。つまり社長自らがお施主さんと、同じ家に住んでいるということだ。これは自分が好きな家に自分で住み、自分が好きな家をお客様にご案内していることなのだと久我さんは理解してくれたようだった。

私自身、あまり弁が立つ方ではないが、この事業を行うに至った経緯や、この家の素晴らしさを色々な角度から説明した。説明したつもりだった。これも後から聞くと

「社長は、とにかくまくしたてるように話していらしたが、この家いいでしょう、好きですか？　しか言ってないように感じましたよ」

と聞かされたのだ。まあ、ともかく私の情熱は伝わったようだ。そして、久我さんもこの家を面白いと感じてくださり、また好きになってくれたようだった。こうして久我さんもこの家を売りたいと言ってくれた。サイエンスホームは愛知県に引き続き、京都府にも足がかりができたのだった。

●「京都から横浜まで」私たちの仲間づくりが始まった！

数社が私の真壁づくりの家を売りたいと言ってきたのだ。口コミで販促してくれる会社が増えたということだ。

私は、嬉しかった。地元の浜松で、私が開発した真壁の家を懸命に建てていたら、京都や名古屋から「売らせてくれ」と申し込みがあった。そして京都でまた、一棟建つという。庶民的で、二人で飲んでも１，８００円の赤ちょうちんで、専務の大石さんと二人、祝杯をあげることにした。

「すごいですね」

焼酎のお湯割りをごくりと飲んで、専務は言った。私は笑顔になってしまうのを止められない。一方、喜ぶ私が間違っているのかと思うぐらい専務はいつも冷静だ。構わず、私は酔っぱらって言う。

「わしら浜松だけで、県外は難しいと思っていたけど、どうや。販売協力してくれる県外の会社がわしらの家を売って、建てて広げてくれる。これならもっと上を狙えると思わんか？」

「上ってどこですか？」

と専務は、わかっているはずなのに聞いてくる。

「上は上や。とにかく、浜松以外でもいけるっていうことや。わしは、もっと出口さんや久我さんみたいな協力会社を増やしていきたいんや」

と私が言うと、

「わかりました、加納社長。今までは、サイエンスウッドとミルキーウェイ2社でやってきたけど、2社が、1年で10棟づつ建てても年間20棟。それが、4社に増えれば40棟。もしも、10社に増えたら100棟ですものね。今までは、協力会社さんの方から申し出があったけど、これからは、意志をもって募ってったらいいと思います」

と専務は同意してくれた。勢いに乗って私は叫んだ。

「そうや。おまえとわしやったら、うまくいくって。これからは、仲間を増やそう。仲間を増やして、仲間と一緒にわしらの木の家を広めるんや。あの、なんて言ったかな。海賊のアニメ。あれやあれ」

「ワンピースですか?」

「そうや、ワンピースや。仲間を増やして、仲間と共に戦うんや」

サイエンスホームの「ワンピース思考」が始まった瞬間だった。

そんな話をした何日か後、専務がロゴを持ってきた。「京都から横浜まで」と書いてあって、京都の文字の横には舞妓さん、横浜は観覧車だった。京都から横浜、確かに東は横浜が端で、西は京都が端だけれど、微妙に中途半端じゃないか？　すると専務は説明した。

「加納社長。これからは、積極的に協力会社を募っていくわけですから、人の目にとまるキャッチフレーズとロゴが必要なんです。今ある協力会社の西の端は京都、東の端は横浜。ですから、『京都から横浜まで』というキャッチフレーズでいきます。京都の古い街並みのイメージから、横浜のベイエリアが代表する近代的なイメージです。これは、木の家という昔ながらのいいところを生かしつつ、近代的な機能性もある家、というサイエンスホームの家の象徴でもあります。それから、京都、横浜、という言葉もポイントです。京都や横浜は、誰でもが知っている言葉で、誰もがこの言葉からいいイメージを連想する力のある言葉です」

　専務によると、「浜松から全国へ」ではダメなのだそうだ。浜松は京都や横浜に比べて、知名度も低いし連想させる力も弱いらしい。浜松に一番サイエンスホームの家が建っているのに、キャッチフレーズにも入れてもらえないとは。

京都から横浜まで
そしてにっぽんの城下町へ…。
FROM KYOTO TO YOKOHAMA AND JAPANESE CASTLE TOWN

横浜は、専務の会社「ミルキーウェイ」が地盤としている場所だった。実は、専務は、以前働いていた会社の横浜の元部下たちを、ミルキーウェイで雇っていた。雇ったはいいが横浜という土地柄、地価が高くモデルハウスがなかなか建てられなかった。モデルハウスが近隣にないこともあり、横浜での売り上げは、２００７年の設立から2年間ゼロだった。専務は、浜松での収益をすべて横浜で使った。そんな状態でも専務は、「横浜は絶対に必要だ」、「こいつらならいずれ必ずやってくれる」と信じて、浜松の売り上げを横浜の部下たちの給料、事務所の賃貸料として払い続けていた。その無謀とも思える行動は正解だったと、今振り返るとわかる。それが、「京都から横浜まで」というキャッチフレーズとなり、全国展開への足掛かりとなったからだ。

私は、会う人会う人に真壁の家のすばらしさを説明し、協力会社の紹介を頼んだ。すると、西の端の京都は半年もたたない間に大阪になり、東の端の横浜は東京を超えて埼玉まで広がった。

専務は、キャッチフレーズを「京都から横浜まで、そして日本の城下町へ」に変えた。あくまでも、京都と横浜にこだわりたいらしい。すべての町は日本の城下町だから「城下町へ」を付け加え、これで国内ならどこまででも広がっていけるキャッチフレーズになったと言っていた。

その後も、仲間は順調に増え続けた。そこで、すべての協力会社を加盟店としてとりまとめる会社をつくることになった。それがサイエンスホームだ。２０１１年5月のことだった。

このときから、サイエンスホームでは一貫して加盟店、つまり仲間となる会社を募集している。加盟店を募集するきっかけは、「売らせてくれ」という申し出があったことだった。最初は、「やりたいなら、どうぞ」という受け身の姿勢だった。

けれど今は、加盟店を能動的に募集している。それは、サイエンスホームが日本全国へ、さらには世界へ広がっていくことにつながると考えているからだ。私が開発したサイエンスホームが各地で建築されることが嬉しいからという理由もある。けれども、それ以上に人間にとって、木の家に住むことが自然で、それが住んでいる人の幸せにつながると信じているからだ。

これは私の考えだが、近頃、非人間的とも思える事件がおきる。そんな事件をおこしてしまう人は、人工的なものに囲まれすぎていることも原因の一つなのではないかと思っている。人工的なものばかり見ていると、人間らしい血肉の通った感覚を忘れてしまうのではないだろうか？

木があらわになっているサイエンスホームの家は、住む人に自然な、人間らしい感覚をとりもどさせる助けになると信じている。だから、加盟店を増やす。増えた加盟店が多くの真壁の家を建てる。すると、木の家に住む人が増える。幸せな人が増える。それは、人類のためになるのではないかと考えているのだ。

加盟店募集のため、現在は事業説明会を毎月開いている。

この事業説明会も試行錯誤の結果、今の形に落ち着いたのだが、事業説明会に来た方々から見ると型破りに映るらしい。加盟店を募集しているが、勧誘はしない。その場でも、その後の電話でも一切しない。フランチャイズなのに加盟金やロイヤリティは取らない。そして加盟したいとの申し出はすべて受け入れる。

ワンピースのルフィは自分が気に入った人がいると、積極的に声をかけて仲間になろうとする。サイエンスホームのやり方は、来るものは拒まず、仲間を決めるのは自分たちではない。

なぜ、仲間をこちらでは選ばないのか。それは、サイエンスホームを売る人の条件はただ一つ、「木の家が好き」なことだと考えているからだ。それさえあれば、営業の実績、ノウハウ、能力はあとからついてくる。専務からは「もうちょっと、ちゃんと説明して下さいよ」とか「言葉足らず過ぎますよ」と叱られたりする。ただ、別に意地悪をしているわけではなく、こうとしか言いようがないのだ。

木の家が大好きな人はサイエンスホームの家を見て、中に入って木のぬくもりを感じたときに様々な思い出や感情、そしてこの家に暮らす自分の未来の生活を思い描くという。

「あぁ、この匂い、懐かしい」

「そういえば夏休みにおばあちゃんの家に遊びに行くのが楽しみだったなぁ」とか、

「うわぁ、素敵。こんなの見たことない。なんか逆に新しい」

「なんだろう？　この息を吸い込むたんびに心と身体がほぐれていく感じは？」とか、

様々な想いを感じるのは、加盟店になろうとしている工務店の方も、こんな家を建てよう、住もうとしているお客様も立場に関係なく同じだ。こういった感覚が共有できることが重要なのだ。

ともに木の家が大好きだという感覚があるから本部と加盟店、また加盟店同士もビジネスパートナーではなく仲間になれるのだ。大手ハウスメーカーが家をスペックと価格で説明し、マニュアルに従って販売するスタイルとは一線を画す。一線を画すどころか、真逆なのかもしれない。

木の家が好きだという共通の感覚を持った仲間。これがサイエンスホームの特徴である「ワンピース思考」の中核である。

小学校の時や中学校の時を思い出してほしい。友達や仲間を作るときに「友達になってくれ」とお願いしただろうか?

「こいつ好きだなぁ」

「なんか話が合うなぁ」

そんな風に思った時になんとなく友達になったり仲間になったりしなかっただろうか?

サイエンスホームの加盟店募集も全く同じスタンスだ。自分に興味を持ってくれた人が自分のところに来てくれる。その人に、自分はこんなことを考えていて、こんなことが好きだと説明する。それだけ。だから説明会でモデルハウスを見てもらって、説明をした後は「うちからは一切連絡はしませんから。電話での勧誘もしませんから」と言う。「もし一緒にやりたかったら電話して下さい」と言って皆さんにお引き取り願う。

皆さん、きょとんとしている。普通の加盟店説明会だと「加盟金が○○円」「ロイヤリティが○%」などと説明されて、何度も加入を促される。それがうちの事業説明会では「加盟して下さい」とお願いもしないし、勧誘もしないし、クロージングもしない。それで皆さん、唖然とするらしい。


もう一つ、こちらから誘わない別の理由もある。一言で言ってしまえばマインドの問題だ。他人から頼まれて始めたことは、どうしても消極的だったり受け身になりがちである。誘われたから入ってやろうという気持ちになる。後に苦しくなってくると、その気持ちが顔をのぞかせる。

しかし、サイエンスホームというグループは企業や組織ではなく仲間である。「誘われたから入ってやろう」という気持ちの人が一人でもいたら困る。義理や義務感で入ってくる人は必要ない。サイエンスホームという看板にもたれかかろうという人も必要ない。必要なのは本当の仲間だ。だからこそ、入りたいという人は誰でも受け入れる。そして仲間が困っているとき、伸び悩んでもがいているときには皆が手助けをする。それがサイエンスホームなのだ。

●変化のきっかけになる

入りたい人は誰でも受け入れる。仲間を募集していると言い、それに興味を示してくれる人が来て、自分の事や考えを説明し、そのうえで仲間になりたいと言ってくれている。それを断る理由なんかあろうはずがない。ただ加盟希望者を全員迎え入れても、続かずに途中で脱会してしまう人も少数ではあるが存在する。

では、どんな人たちが続かずに脱会してしまうのか？　結論から言うと、大きく分けて2種類に分かれる。

まず最初は「お金儲けだけを目的に加入してくる人」だ。もちろん職業として仕事としての家作りだからお金が大事だ。しかし、これだけが目的になっている人は続かない。

そして次に、入ったら売れるかなという「依存体質の人」だ。サイエンスホームの家の需要は高い。しかし、それは放っておいてもどんどん売れていく、というものでもない。

お客様の要望を聞き、もし誤解があったら誤解を解き、要望がそのままでは不可能であれば可能な道を探り、提案を繰り返しながらお客様と意見を擦り合わせる。

家はお客様にとっては一生に一度の大きな買い物である。これくらいの苦労や工夫は当たり前である。しかし、ごく少数ではあるが依存体質の人は「サイエンスホームに入ったんだから、後は色々本部がやってくれるだろう」と考える。

もちろん、始めたばかりのときはノウハウが不足している。わからないことが次々に湧いてくる。その中で「どうやったら、お客様に伝わるだろう？　ご納得頂けるだろう？要望を叶えることができるだろう？」と悩み、もがいている仲間は皆で全力で助ける。持っている情報や過去の事例など余すところなく提供する。しかし最初から最後まで頼りきりで自ら学ぼうとしない人は助けようがないのだ。

では、どんな人が残り成長していくのか？　それは木の家が好きな人である。

なんだ、またそれかと思わないで欲しい。この説明を聞けば、なぜ「お金目的の人」や「依存体質の人」が長続きしないのかも納得できると思う。

サイエンスホームの家は大手ハウスメーカーの家とは毛色が違う。当然、お客様の層も、販売方法も、説明の仕方も変わってくる。

販売する時には、価格の説明はする。木の家であることの利点も話す。何故この価格でこの品質が実現するのかも説明する。しかしながら、お客様の心を動かすのはそういった価格やスペックではない。天然の木の家が持つ、温かみや柔らかさを見たときのほっとした感覚。木の肌触りや香りやで癒される感覚。身近に自然なものがあることの影響力の大きさ。この感覚や価値観をお客様と共有できるかどうか。お客様に情熱を持って伝えられるかどうか。実はこれが売れるか売れないかの重要な要素なのだ。

自分が好きなものを相手も好きと言ってくれたら嬉しい。

「私、釣りが趣味なんですよ」「え、本当ですか？　私も大の釣り好きなんですよ。海釣りですか？　池？　渓流？」

「今度の日曜日、ゴルフに行くんですよ」「ゴルフ、やられてるんですか？　ハンデはいくつですか？　今度、ご一緒しませんか？」

「この前観たドラマでこんな台詞がありましてね」「それって、あのドラマですよね？あの綾瀬はるか、凄く可愛いですよね」

見知らぬ人でも一瞬で通じ合える。木の家も同じことなのだ。

自分が好きで惚れ込んでいる木の家をお客様に提案する。お客様も好きだと喜んでくれる。嬉しい。ただ単純に嬉しい。だから幾つかの難問が立ちはだかっても完成までなんとしてでも辿り着こうとする。楽しいから色々な工夫をし、試行錯誤して、その経験を覚えていることができる。ノウハウとして蓄積される。自分が嬉しかったから、困っている仲間がいたら助けてあげたくなる。自分が楽しかったから、その楽しさを味わってもらおうと自分が持っているノウハウを全てさらけ出して、仲間の力になろうとする。こういう「嬉しいのスパイラル」「楽しいのループ」を体験しながら家作りをする。

そんな楽しいことをしていると、当然、人が集まってくる。同じ加盟店という立場の仲間も、そしてお客様も。結果的に、売り上げも伸びる。そう、「結果的に」お金も集まってくるのだ。だから、お金儲けが目的の人は続かないし、依存体質の人は「楽しいのループ」が起こらず、やはり途中で脱会することになる。

こんな話を知っているだろうか？　大きなタライや水槽に水を注ぎ、その中にゴムボールを幾つも浮かべる。縁から手を伸ばしてもゴムボールに届かない。そのとき、ゴムボールを引き寄せようと「こっちに来い。こっちに来い」と手招きするように水を掻くとゴムボールは逆に遠くへと流れていってしまう。逆に「向こうへ行け。向こうへ行け」と押し出すように水を掻くと、何故だかゴムボールはこちらへ寄ってくるのだ。

サイエンスホームも同じだ。お金を自分の元に掻き集めようとすると逆にお金が逃げていく。ノウハウを掻き集めよう、自分だけのものとして囲い込もうとすると集まらないどころか逃げていく。自分ができることは時間を割いてでも協力しよう。自分の持ってるノウハウが誰かの役に立つのなら喜んで提供しよう。そういう「与えようとする者」のところには人やノウハウなど様々なものが集まってくる。つまりサイエンスホームという看板をあてにして、看板にもたれかかろうとする人ではなく、サイエンスホームの看板に誇りを持ち、自らがサイエンスホームという看板を守り立てていこうとする者だけが続き、売り上げを伸ばしていくのだ。

もちろん、最初からそのような考え方で入ってくる人ばかりではない。でも、サイエンスホームを続けていくと、自然とそういう考え方に辿り着くらしい。こうして、加盟店さんの気持ちや考え方は変化していく。工務店として、そして人間としても成長していく。もちろん、売り上げも後からきちんと付いてくる。

サイエンスホームに加盟することは変化のきっかけになる。

だから「今の仕事を変えたい人」「現状を変えたい人」は残る。例えば、一番わかりやすい例で言えば二代目がいるところだ。今の時代、全業種に共通する悩みは、「自分の仕事を息子が継いでくれないこと」だ。

特に工務店の場合は親父さんの人脈や顔で仕事が成り立っているところが多い。お父さんの顔で売れていたから、息子が入ってきたところで息子じゃ売れない。一方でお父さんの時代の商品は息子世代に受け入れられるかといえば、感性が変わってきているので受け入れられない。ぱったりと売れなくなり、どうしていいのかもわからなくなって途方にくれてしまう。

そういう人にはサイエンスホームは最適の場所だ。加盟店になると20代、30代、40代の仲間がたくさんいる。みんな同じ悩みをもって入ってきた仲間だ。だから悩んで加入してきた人の気持ちが誰よりもわかる。そして「嬉しいのスパイラル」「楽しいのループ」を知っているから、励まし、ノウハウを惜しげもなく教えてくれる。教えた側も教えられた側も成長していく。

ワンピースのルフィ率いる麦わらの一味は何故強いのか？

仲間の絆が強い。強い奴がどんどん仲間になっていく。もちろん、それらも重要な要素だ。しかし、一番肝心なことは、仲間になった奴がそれぞれで力をつけていく。戦力外だったウソップも、ルフィたち仲間と共にいたら、狙撃の名手そげキングに変化し、成長する。

サイエンスホームも同じ構造だ。

だから私は自信をもって言う。

「うちはワンピースや！」

第2章

ワンピースにふりかかる試練

●なぜ加盟金0円なのか？

さて、サイエンスホームのことや「ワンピース思考」についてなんとなくはわかってもらえただろうか？

サイエンスホームのフランチャイズを知った人たちが最初に驚くのが「加盟金0円、ロイヤリティ0円」の制度だ。今ではサイエンスホームの「ワンピース思考」の代名詞ともなっているこの制度。しかし、実を言うと最初から加盟金0円という方針を打ち出していたわけではない。最初は他のフランチャイズと同様、加盟金を取っていたのだ。

ではなぜ0円になったのかご説明しよう。

サイエンスウッドを設立して2年経ち、専務の大石さんのミルキーウェイも協力してくれて順調に売り上げが伸び始めた2008年の秋、滋賀県の会社が真壁づくりの家を売りたいので、ノウハウを教えてくださいと申し出てきた。そう申し出てくれたのはその会社が最初だった。木を仕入れている木材会社の紹介だった。

正直、「よっしゃー。これで県外へ・・・」と思った。

うちの真壁の家は、画期的だ。木の家なのに誰にでも設計ができる。高い技術のある職人さんじゃなくても施工できる。価格が安くても、無垢の木を使った本物志向の家だ。私は自分が開発したこの家は大好きだし、どこへ出しても戦える自信がある。けれども、やはり他の会社、見ず知らずの人に認められれば嬉しい。他にもこういう会社が出てくるかもしれない。そこで、専務に相談した。

「滋賀県の会社が、わしらの家を売りたいって言って建て方とかを教えてくれということなんやけど、どう思う?」

「加納社長はどうされたいのですか?」

「そりゃ、わしの家の価値を認めてくれる人がいたっていうことやから、いろいろ教えて売ってもらえばいいと思うんやけど・・・わし、ここに行きつくまで何年かかっていると思う?」

するとと、専務は、視線を上にあげながら、

「20年ぐらいですかね・・・何か気になることでもあるんですか?」

「うーん。ここに至るまでいろんなことがあっての真壁づくりの家や。そりゃ、無料ってわけにはいかんやろ」

「じゃあ、お金をいただくんですか?」

「そりゃ、ノウハウを伝えるんやから、それ相応の費用をもらおうと思うんや。それで、１００万ぐらい貰ってもいいかな」

「１００万ですか？　それ、高すぎませんか？」

「高いなんてことあるか。例えば、コンビニエンスストアみたいなフランチャイズやったら、２００万円ぐらいの加盟金は普通にとるんやろ」

　と私は言った。

「うちはコンビニエンスストアじゃありませんし、いただく１００万は何の１００万ですか？」

「わしの真壁の家の設計施工と売り方のノウハウや」

「１００万円は高いのではないでしょうか。それに、売り方のノウハウって何を教えるんです？」

「そこは、専務に頼むわ。売り方のコンサルティング費用っていうことで詳細と見積もりをだして欲しいんや」

「じゃあ、こうしませんか？　加納社長の設計施工の部分で１００万円、売り方のコンサルティングは見積もりをだして、コンサルティングに呼ばれるたびに、支払っていただけばいいんじゃないでしょうか？」

ということで、その一番最初の滋賀県の会社からは、フランチャイズの加盟金にあたるお金をいただくことになった。

施工のノウハウを説明しに、その会社へ伺った時のことである。社員全員が集まる中、我が社の真壁づくりの家の建て方の説明をした。説明が終わったとき、一人の社員さんが聞いてきた。

「どうやって売るのですか？」

どうやって売るって？　どう説明するかな？　何通りもの回答が頭の中を駆け巡った。それから、そんなもの自分の頭で考えられんかな？　今まではどうやって売ってきたんや？　とも思った。様々なことが頭の中を駆け巡った後、集約した言葉が

「好きやったら売れるやろ」

シーン。その場は静まり返った。

その後、施工の説明に何度も行った。しかし、専務へのコンサルティングの要請は結局

なかった。その会社は、真壁づくりの家を建てたが、思うように売れなかった。

「よっしゃー。これで県外に」、と思ったのはぬか喜びだったのだろうか？　いや、そんなことはないはずだ、現に工務店さんがしょっちゅう見学にくるではないか。何がまずかったんだろう？

あるとき、その滋賀県の会社のエピソードついて専務と話した。すると、専務はこのように言った。

「僕が思うに、最初にお金をいただいたのがまずかったんじゃないですか？」

私は一瞬、専務が何を言っているのかわからなかった。きょとんとする私をよそに専務は続けた。

「お金をもらったからいけないと思うんです。そりゃ、向こうはお金を払ったんだから色々教えてくれると思いますよ。色々サポートしてくれると思いますよ。それなのに、『好きやったら売れるやろ』とか、『見ればわかるやろ』では、先方も怒りますよ・・・」

専務はあきれていた。そして、言った。

「加納社長。うちには何もないじゃないですか」

専務は何を言ってるんだ？　あるじゃないか、低価格で高品質な真壁づくりの家を建てるノウハウが。私の思いを見透かしているように、専務は続けた。

「そりゃ、ノウハウはありますよ。でも、それは加納社長の頭の中じゃないですか。作り方や、設計の仕方をマニュアル化したものもないし。売り方のマニュアルもない。接客の方法やセールストークのマニュアルもない。何回説明に行ったって、頭の中のことを口頭で話すだけでは、わかんないですよ。これでお金をとると、先方も怒りますよ・・・」

そうか。もしも今後フランチャイズ化するなら、物理的に渡せるものが必要なのか。でも、それさえ作れば、フランチャイズが構築できるということだ。私の家が日本全国に建てられていくのだ。あちらこちらで自分が開発した家を見かけるという、私の夢が実現する。浜松の一工務店のわが社が建てていたのではどんなに頑張っても、近隣の県に広がるのがせいぜいだ。フランチャイズ化し、色々な人たちの協力を仰げば、日本全国に私の家が建つ。

専務が不思議そうにこちらを見ていた。目が合い、私はにんまりした。

「おまえとわしならできる。そのノウハウをマニュアルにして手渡せるようにしよう。おまえならできる。わしとおまえならできる」

興奮する私と対照的に、専務の反応はあまり良くなかった。

「設計施工は加納社長の範疇ですから、加納社長ができると言えばできるのでしょう。でも、営業は、商品をお客様に勧める、勧め方とか。そういうのは教科書みたいなのがあって、それ通りにいくってもんじゃないですよ。教科書に書いてあるノウハウなんていうものがあったとしても、それって表面的なものじゃないですか。そんなのできるかな？」

「おまえならできる。教科書が作れなくったって、それに代わる何かは絶対に専務なら提供できるはずや」

と私は言った。専務はしばらく黙って考え込んでいた。

「わかりました。ところで、今後同じような会社が出てきたときのために僕の考えを言わせてください」

と専務は言い、さらに続けた。

「今回は、お金をいただいたからお客様になってしまったのだと思うんです。お金を払った側は意識の中でも、どうしてもお客様になってしまう。つまり受身になってしまう。加納社長の言うことはもっともだと思います。今まで、加納社長がこの真壁づくりの家に至るまで、どれだけの時間とお金と情熱と力を注いで編み出されたノウハウなのか。僕は良く知っています。そのノウハウを中心にフランチャイズを構築する。これも、もっとこの家を広めていくにはいい方法だと思います。でも、我々が必要なのは、お金ですか？」

「いや、売れたら嬉しいだけや」

「そうでしょう。だったら、お金をもらうのはやめましょう」

「それじゃあ、フランチャイズじゃないやないか」

「いいじゃないですか、加盟金が0円なら極端な話、何も教えなくていいんですよ。好きなこと、言っていればいいんです」

なんて大胆な考え方をする専務だ、私もこのアイディアが気に入った。

「専務の言う通りや。次に同じような会社がきたら加盟金はゼロ円にしよう。仲間から金はとっちゃいかん!!」

サイエンスホームが掲げる「ワンピース思考」の根本が固まった瞬間だった。本部と加盟店の関係は絶対服従の上下関係ではなく、仲間。仲間だから加盟金やロイヤリティは取らない。仲間だから無償に近い形で助け合う。

結果的にこの判断が従来のフランチャイズと一線を画するところとなる。事後的にわかったことだが、この加盟金を取らないという判断は様々な副産物をもたらした。

業種を問わず、従来のフランチャイズ形式で最も厄介なもののひとつに、加盟店からの要望やクレームがあるそうだ。「もっと販売応援してほしい」「そんなノルマを押し付けられても無理だ」「どうしていいのかわからないから、どうにかしてほしい」これらに対応するために相当の時間と人手が必要になるそうだ。そしてノルマを与え、管理する。本部は直接販売せずにロイヤリティで安定的な収益を上げることができる。その代わり、これらの管理に膨大な手間暇がかかる。

専務の言った通り、お金を払ってお客様になってしまうと依存心も出てくる。この看板を掲げれば自然と売れるのではないかという幻想を抱いてしまう。ところが現実は違う。

どんな業種でもそうだが、フランチャイズの加盟店になったとしても、そこに販売努力・経営努力は必要だ。それは頭ではわかっている。しかしお金を払っているので、気持ちの面では「本部がなんとかしてくれるはずだ」という思いが拭い去れない。本部に協力を依頼すると、実際に現場を知らない本部の人間がズカズカとやってきて、マニュアルを振りかざして上からものを言ってくる。本部と加盟店との間に徐々に壁が出来てくる。不平や不満も生まれやすくなる。親身になって考えてくれない代わりに、ノルマのことばかりを言われる。

本部は加盟店の数が多ければ多いほど安定的な収益が増えるので、加盟店の数増やしに奔走する。加盟店同士がライバルとなり、シェアの奪い合いをする。「競争することによって、お互いを切磋琢磨する」というと聞こえはいいが、その実、血で血を洗う戦国時代である。やがて戦いに敗れた加盟店は、使い捨てにされたという不満を抱えながら脱会する。

また多くのフランチャイズは草創期の頃、この加盟店からの要望でビジョンがふらつくようだ。加盟店の数が増えてくると安定するのだが、そこまでいかずにビジョンがブレて、ダメになってしまうところも少なくないらしい。

全てがサイエンスホームと真逆だ。サイエンスホームは加盟金やロイヤリティを取らない。だからクレームにならない。本部がやりたいことができるから、ビジョンがブレない。もちろん加盟店からの要望はある。しかし、それは悩みの相談であって、クレームや要求ではない。仲間の悩み相談を受ければ、仲間として本部も加盟店も全力で助ける。この辺りのサポート体制は第3章で詳しく述べることにするが、これらを可能にしているのは加盟金やロイヤリティを取らないという姿勢なのだ。

加盟金やロイヤリティをとらないというのは、それで収益を上げようとしていない、ということだ。

これが何故、可能なのか?

答えは簡単だ。元々、私も専務も一工務店の社長だからだ。それぞれの収益は、それぞれの工務店で上げる。サイエンスホームという会社は、サイエンスホームという看板をもっと広めて売りやすい環境を整備するということに特化している。そこにブランド料や儲けを考えていない。

とはいえ、全く収益が上がらなくては企業として維持していけない。その辺はどうなっているのか?

サイエンスホームは工期短縮のためにプレカットを採用している。この工期短縮については次の節で詳しく説明するが、本部はプレカット工場と提供して加盟店の負担を減らすため、プレカットされた資材を提供している。この資材を調達することと、家を売りやすくする環境整備が本部の役割となる。つまり平たく言うと材木屋だ。材木屋がブランドの看板を持ち、販売方法をも教えている。

このビジネスモデルは従来のものとは、少し違うものらしい。確かに言われて見れば普通とは違うかも知れない。

専務はサイエンスホームの専務として、販売促進ツールやチラシを作っている。そして自分で作った販売促進ツールやチラシを、ミルキーウェイの社長としてお金を出して買っている。「これ、俺が作ったもんなんだけどなぁ〜」などと言いながら。しかし、ここまで徹底しているからこそ加盟店が仲間でいられるのだ。

フランチャイズだが加盟店から加盟金もロイヤリティも取らない。この画期的なビジネスモデルは、実を言うとこのような試行錯誤から出来上がったものである。崇高な理念に基づいて当初から企画されたわけではない。でも、結果的には大変上手く機能している。この泥臭い試行錯誤も人間臭くて、サイエンスホームらしい。私はサイエンスホームのこんなところも密かに気に入っている。

●工期短縮への道のり

サイエンスホームの基本的な考え方の一つに「高くて良いものなのは当たり前。良いものので安いものだからこそ価値がある」というものがある。サイエンスホームの考え方というより私の考え方といったほうが正確かもしれない。

一方でまた、「年数を重ねるほど価値が出る家」も目指してもいる。神社仏閣のように、年数が経てば経つほど価値が高くなる家だ。それには自然の素材を多く取り入れる必要がある。

つまり、「価格は安いが、高品質の家」を作りたかった。超高級志向で一部の限られた人しか、建てられない住めない家には興味がなかった。超高級志向の住宅しか手がけない大工さんがいる。腕のいい大工さんたちだ。とても素晴らしいことだとは思うが、限られた人にのみ腕を振るうその姿勢に私はどうも違和感を感じていた。

だから私は、リーズナブルな木の家を作るために研究を続けている。この研究は、新卒でハウスメーカーで働いていた時から始まり、ここに至るまで続けている。色々な出来事があった。様々な実験をした。長い時間がかかった。そして、周りの者たちは半ばあきれてもいた。どういったことを考え、試みてきたのか少しご紹介しよう。

住宅を安くするには幾つかの方法がある。代表的なもののひとつに「原材料を安く調達する」というものがある。ただこれにはかなりの注意が必要だ。資材の木材代をケチると粗悪な木材になりかねない。粗悪な木材で建てた家は確かに安く仕上がるだろう。しかし、それは安くても「品質の高い家」「価値ある家」という理想と、相反してしまう。家に関わった人が全員喜べるウィンウィンの家作りではない。本末転倒である。

家を建てるにあたってどんな経費が大きな割合を占めているか？　それは人件費である。つまり職人さんに支払う賃金だ。しかも腕のいい職人さんであればあるほどコストは高く、また建築に時間がかかればかかるほどコストはかさんでいく。当然のことだ。

ここを何とかできないか、と考えた。ただ生半可なことをしても仕方ない。最初に思いついたのは、「大工さんじゃなくても建てられる家」だ。

現場で大工さんが行っている作業は柱や梁、壁などを組み上げることだけではない。材木を家の設計図に従って部品にしていく。ノコを引き、カンナをかけ、寸分の狂いもなく家の一部に加工していく。ここの精密さが大工としての腕のいい悪いが出てくるところだ。

この作業をあらかじめ出来ないだろうか？　現場で大工さんが作業を行うのではなく、あらかじめ寸分たがわず切って削って部品にして現場に持ち込めれば、大工さんがいなくても家を建てることができるのではないだろうか？

早速、木材加工工場に掛け合って、可能かどうかを確認した。詳細な設計図を渡し、資材をあらかじめ切って加工してもらう。プレカットである。

このプレカットされた資材を何のノウハウも伝えず、大工さんの代わりに板金屋さんに渡して組み立ててもらった。板金屋さんと聞くと自動車の板金屋をイメージする人もいるかもしれないが、住宅を建てるときに欠かせないのが建築板金屋と呼ばれる人たちだ。屋根の工事や雨樋の取り付け、外壁の工事やダクトの施工などを行う。取引先の板金屋さんに頼んで組み立ててもらう。

畑違いとはいえ、向こうも住宅建築に携わるプロである。設計図を渡し、こちらからあれこれ指導することなく、仕事に取り掛かってもらう。

設計図を眺めながらイメージを固める板金屋さん。どうやら完成のイメージと、やるべきことは理解できたようだ。

作業に取り掛かる。やはり畑違い。大きな材木の取りまわし、組み方、細部の結合とバランス。やはり本業のようには上手く行かない。

出来上がった家は、お世辞にも合格点とはいえなかった。

「手先が器用な板金屋さんではダメか。ならば」

私は諦めなかった。次に、家を建てるときに基礎工事を行う基礎業者さんに大工仕事を頼んでみた。基礎工事は住宅全体をイメージして、それを支えられる基礎をしっかり作る。そういう意味では板金屋さんより向いている気がした。

今度も何もノウハウを与えずにチャレンジしてもらった。

ダメだった。板金屋さんと大差ないできだった。

「やはり餅は餅屋ということか？」


こんな実験をしたこともある。外壁をタイルにするときに、通常は下地で家を囲って、そこにタイルを貼っていく。これにより外壁の外観が綺麗になるだけではなく、メンテナンスフリーとなり防水性も高まる。しかしこれも現場での時間がかかる作業だ。

「板にタイルをあらかじめ貼っておいて、外壁を囲えば現場での手間暇を軽減できるはずだ」

アルバイトを雇って板にタイルを貼らせてみた。会社の事務のおばちゃんにも手伝ってもらい、ひとつずつタイルを貼っていった。

「これで上手くいけば、この部分では職人さんが必要なくなる。そして何のノウハウもない素人ができてこそ意味がある」

私は崇高な使命に燃えていた。しかし端から見るとケチな奴が少しでもケチろうと、トンチンカンな実験を始めたとしか見えなかったかもしれない。

タイルが張り終わり、外壁部分に取り付けてみる。

「やった！」

そういい終わるか終わらないうちに、ゴトンとタイルがひとつ剥がれ落ちた。

「あ・・・」


結局、餅は餅屋の職人さん、大工仕事は大工さんでなければ商品として品質の高いものを提供することはできないという結論に至った。実験は終わった。専務には怒られるどころかあきれられた。

しかし、完全なる敗北だったかというと、これがそうでもない。このチャレンジを行うことによって、プレカットのノウハウと技術を高めることができた。その結果、今年（２０１６年）には、上棟から1週間で完成する家の開発までこぎ着けることができた。これは、木造の従来の工法では、画期的なことだ。たぶん、真似ができる会社はないと思う。さらに、あまり経験を積んでいない駆け出しの大工さんでも腕のいい大工さんとほぼ変わらない仕上がりを実現できた。この意義は大きい。単に腕のいい大工さんを雇うコストが削減できただけではない。

「腕のいい大工さんと若手の大工さん、どちらを選ぶ？」

と尋ねるとお施主さんはまず間違いなく腕のいい大工さんを選ぶ。腕のいい大工さんとは経験を積んだベテランの大工さんだ。仕事が集中するので工賃もコストも高くつく。それだけではない。ベテランに仕事が集中することによって、工期も延び若手の大工さんは経験を積む機会も少なく、なかなか育たない現状がある。

実は若手の大工さんの方が、吸収も早いし体力もある。もったいない話だ。

そこで、プレカット技術を高めることによって仕上がりがベテランとほぼ変わらないとなれば、若手の大工さんの方が早くて安い。お客様には安く良い家を提供でき、若手の大工さんに経験を与え育てることができる。これこそ、サイエンスホームの家に関わる全ての人が幸せになるウィンウィンの関係だ。関わる人全てを悩みから救い幸せにしようとするルフィの姿に似ている。これもまた「ワンピース思考」なのだ。

これからも私の研究はまだまだ続く。もし万一、アルバイトの人たちでも組み上げられる品質の良い家ができたら。そうすれば今よりももっと多くの人たちが幸せになるのではないか。誰に笑われようと、私はそんな想いを胸にいつまでも理想を追求しようと目論んでいる。

●手書きの資料で苦笑い

家作りの情熱は誰にも負けない。理想に向かって試行錯誤を繰り返す粘り強さは、誰にも負けない。しかし、その他のことは意外と抜けているらしい。

現在、加盟店の数は129店舗になっている。そして今なお、その数はどんどん増え続けている。毎月行う事業説明会にもたくさんの問い合わせが来ているし、問い合わせからの参加率もかなり高い。それらの新規加盟店や既存の加盟店たちが、今何に悩んでいるのか？　現状でつまづいているような問題があるのか？　それらは、どのように解決していけばいいのか？　どうやって導いていったら上手くいくのか？　その情報を共有するために定期的にエリアマネージャー会議というものを行っている。

エリアマネージャーとは文字通り地域を統括するマネージャーのことだ。サイエンスホームは全国展開をしているので、九州、中部、首都圏を含む東日本、北海道東北など全部で7つのエリアに分け、7人のエリアマネージャーが存在する。その7人を本社の浜松に集め、色々と話し合う。それぞれ抱えている事例に基づいた問題提起。他の地域でそれに類似する事例がなかったか？　他の地域で、もし上手く解決できていたのなら成功事例のシェア。それらの意見交換をしながら今後の経営方針などを話し合っていく。

この前もエリアマネージャー会議で私が話しているときだ。資料を配り、皆に説明しているとなんだか様子がおかしい。エリアマネージャーたちが苦笑いしながら資料を見ている。

私はかまわず説明を続けたが、一向に苦笑いが収まる気配がない。

「なんだ？　どうしたんだ？　何かおかしいところでもあったか？」

たまらず私が訊くと、エリアマネージャーの一人が答えた。

「だって加納社長。この資料、手書きじゃないですか。資料を渡すって言って手書きの資料のコピーって。小学校の学級新聞じゃないんですから」

さらに別のもう一人も頷いて言う。

「加納社長は達筆ですよ。字が上手だから、小学校の学級新聞と同じだとは思いませんよ。

でも手書きはちょっと。僕らだからいいですけど、新規加盟の説明を聞きに来た事業説明会ではやめて下さいよ。何ここ？　大丈夫なの？　って思っちゃう人もいると思いますよ」

皆がくすくす笑い出す。てっきりフォローしてくれるのかと途中まで安心して聞いていたのに、さらに突っ込まれた。さらにもう一人も追い討ちをかける。

「しかも加納社長、この方眼用紙、うちの会社のじゃないですよ。社名がガッツリ入ってますよ」

エリアマネージャーたちが資料に目を落とし「あっ！」と小さく呟く。

「この会社、今はもうない会社じゃないですか？」

皆が一斉に笑った。何がおかしいんだろう？　どこか変なのか？　誰かにもらったから使ってただけだ。この紙だって木から作られている。大切な木材の有効利用ではないか。

専務も小さくため息をつくと、微笑みながら言った。

「よく使えますね。自分なら絶対に使いませんけどね。まあ、そういうおおらかなところも、家作り以外のことに無頓着なところも、物を大切にされるところも、加納社長の魅力ですよね」

いつしかエリアマネージャーたちも微笑んでいた。

「普通はCADで図面を作るんだけど、加納社長は切り貼りしちゃうんだもんなぁ。その方が早いんですよね？」

資料についての皆の指摘が止まらない。

「実際、そっちの方が早くないか？」

と私は言う。

「手書きの資料じゃダメだ、と意見したのが間違っていたという気になってきますよ」

と専務が言うと、エリアマネージャーたちは、またも一斉に笑った。

いまだに手書きの資料がいけないという理由に納得してはいない。ただ一つはっきりとわかったことは「私にできないことは沢山ある」ということだ。

エリアマネージャー会議で沢山の意見が出る。お客様や新規加盟に興味を示している工務店さんに説明するときに、ちゃんと資料を作らないとダメだ。これから加盟店がいっぱい増えていったら、ちゃんとしたルールを作らなくちゃいけない。会社を守るために著作権などの法整備もしなければいけない。

正直に言うと、どれもこれも何となくはわかるが、それがどうして絶対必要なのかはさっぱりわからない。だから、その辺のことは皆に全て任せている。

私には自分ひとりでできないことが沢山ある。それは他のエリアマネージャーたちも同じではないだろうか？　万能に見える軍師の専務にも得手不得手があるのだと思う。だからこそ、仲間が必要なのだと私は思う。

いいじゃないか、不得手があっても。苦手なところやできないところは避けたり隠したりするのではなく、潔く助けてもらおう。そして、自分ができることがあったら喜んで手助けしよう。それが仲間というものだと私は思う。

家作りの情熱は誰にも負けない。理想に向かって試行錯誤を繰り返す粘り強さも誰にも負けない。できないこと、不得手なことは多いけれど、私にはそれを補ってくれる仲間が沢山いる。仲間を信じる気持ちは誰にも負けない。そしてもう一つ付け加えるならば、私は専務やエリアマネージャーに日本一気を遣っている社長だと自負している。なんだか、あまり格好良く聞こえないかもしれないが・・・。

●手っ取早く加盟店を増やそうとした混乱期

仲間を増やそう。加盟店を増やそう。そのことに力を入れた時期があった。

ワンピースのルフィ率いる麦わらの一味が、日々強くなるのは、「仲間がどんどん集まってくる」「集まってくる仲間がそれぞれ強い」「仲間が個々に成長して、それぞれがより強くなっていく」の3つだ。仲間を信じる気持ちや、何があっても絶対に仲間を助ける信条などの精神面が、仲間を集めたり成長させたりする原動力になっている。

今回話すのは、そのうちの「仲間がどんどん集まってくる」という部分についてだ。

「加盟金を取らないことをウリにして、仲間を沢山集めよう」とした時期があった。色んな人にサイエンスホームの良さを知ってほしいという想いから、加盟店の話をしていった。

すると大阪の業者さんが名乗りを上げた。「加盟店になりたい」という名乗りではない。「加盟店を増やしてあげる」という名乗りだ。自分たちだけで仲間の輪をじわじわと広げていくよりは、顔の広い業者さんの力を借りて加盟店を増やした方がスピード感は段違いだ。そう判断した私は、その業者さんと話をして正式に契約をすることにした。

加盟店を増やしてくれたら、1店舗につき10万円の成功報酬。それが、その業者さんと交わした契約だった。専務はひどく気乗りがしないようで、何度も私を引き止めた。しかし、専務とて加盟店を増やしていくことには賛成だったはずだ。結果が伴ってくれれば、専務も納得してくれる。私はそう信じていた。

結果は割と早く出始めた。1社決まったと思ったら、2社3社。5社、10社と雪だるま式に加盟店の数が増えていった。一方で既に加盟店になっている店舗からの紹介や口コミで加盟店に興味を示してくる工務店さんもあった。こちらはその業者さんとは違い、亀のような歩みだった。

これで専務も納得してくれるだろう。そして、この新しく仲間に加わった加盟店が、どんどんサイエンスホームを売って、サイエンスホームの家があちらこちらに広まっていく。その家を見た人から「私もあんな家に住んでみたい」と注文が入り、どんどん広まっていく。サイエンスホームの家を「私にもあの家を建てさせてもらえないだろうか？ 私にも売らせてもらえないだろうか？」と加盟店も増えていくに違いない。私には輝かしい未来が見えていた。

だが専務は納得しなかった。専務は私のところへやってきて、こう切り出した。

「あの大阪の業者さんは信用できるんですか？」

専務が前々から大阪の業者さんのことをあまりよく思っていないことは気づいていた。しかし、現にこうやって何社もの工務店さんを連れてきてくれているではないか。

「もちろん信用できると思っているよ」

専務の顔色は晴れない。

「専務は信用できないと思っているのか？」

珍しく私の方から問いかけた。

「信用できないとまで断言はしませんが・・・」

専務の言葉がいつになく歯切れが悪い。

「何が引っ掛かっているんだ？　加盟店の新規数を見たか？　こうやって、こんなに一生懸命やってくれてるじゃないか」

と私が言っても、専務は黙ったままだった。やがて大きく息を吸い込み、その息を静かに吐き出すように言った。

「私はそうは思いません。あの業者さん、金のためだけに加盟店にならないかと呼びかけているようにしか思えないんですよ」

低音で専務は言う。

「そりゃ、向こうも仕事の一環だから慈善事業のためにやってるわけではないだろう。でも、一生懸命やってくれてる。良い人じゃないか」

「だって加納社長、うちは加盟金を取ってないんですよ。これが加盟金３００万円取っているなら話はわかります。10万円の経費を使ってでも３００万円の加盟金を得られるんだから。ま、その考え方自体、私は嫌いですけどね。それは置いといても、うちは加盟金を取っていないのに、加盟店を増やすたびに10万円ずつ払っている。なんかおかしくないですか？　加盟店が増えるたびにうちが貧乏になっていくのってなんかおかしい！」

「いや。10万円というのは、私のほうから言ったことなんだ。加盟店をどんどん増やしてくれているのに、タダというわけにはいかないだろ。大阪の業者さんの方から10万円くれって言ったわけじゃないんだ」

「でも、詐欺師というのは、最初はお金の話をしないもんなんですよ」

「詐欺師だなんて、それは言い過ぎだろ。うちのために、頑張ってくれているいい人じゃないか。今回仲間になった加盟店たちがどんどんサイエンスホームを売って、安くて高品質な家を広めてくれると思えば、先行投資なんじゃないか？」

「加納社長、そう上手くいけばいいですよ。私だってそうなってほしいし、そうなれば何の問題もない。だけど、どうしてもそう思えないんです」

専務らしくないな、と私は思った。専務は、まずは人のことを信じる人だからだ。

「加盟金はいらないから、とりあえず加盟店になってほしい。サイエンスホームは売れる家だ。もし、万一売れなかったとしても加盟金がないんだから損することはない。こう説明されたら、どんな工務店でもとりあえず加盟しておこうかと思いませんか？」

専務は自分の頭の中でもつれている糸を解くように、慎重に言葉を手繰り寄せながら言った。

「それのどこがいけないんだ？」

「ですから加納社長、そんな気持ちで入ってきた人が家を売れると思えないんです。とりあえず損はしないから入っておこうか、もし売れたらラッキーだ。そんな気持ちで家が売れるとは思えません」

専務の言うことがわからないではなかった。ただ、最初にやる気があっても結果が出ずにやる気がなくなってしまう人がいるように、最初はそれほどやる気がなくても結果が出てくるうちにやる気になる人もいるのではないだろうか？

「誘われた工務店は損もない代わりに、得もないわけだろう？　だったら普通はそんな面倒くさいことはしないだろう。きっと、それぞれみんな考えや思いはあるんだよ。ただそれが見えにくいだけなんじゃないか？」

「そうでしょうか？」

専務の顔は全然晴れていなかった。

「でも、1社加盟するごとに業者さんには10万円入るわけですよね。誘われた工務店には損も得もないかもしれませんが業者さんには得になる。そこがとても引っ掛かるんです」

私も専務も釈然としないまま、その場は終わった。


事態が変わってきたのは2～3ヵ月経った頃だった。新規に加盟してきた工務店さんが相次いで脱会し始めた。理由は「売れないから」だ。

「サイエンスホームの加盟店になったら売れると聞いていたのに、ちっとも売れない」

加盟店を脱会する工務店さんの意見を聞いて、専務は激怒した。

「当たり前じゃないですか。自動販売機じゃないんですよ。ポンと加盟店に入ったら自動的に家が売れて売り上げが上がると思っていたんですか？　家を売る、家を建てるってそんな簡単なことじゃないですよ」

もちろん脱会する工務店、努力や学習をしなかった工務店に対する憤りもあっただろう。しかし専務の怒りは、そんな説明をして加盟店を掻き集めた業者さんに向かっていた。

私は、すぐに業者さんと専務、そして私の三者による話し合いの場を設けた。

大阪の業者さんは、お金のことばかり話した。

「金儲けのために、サイエンスホームを使わないで欲しい」

専務は業者さんに向かって強い口調で言った。

「どういう意味でしょうか？　そっちがお金をくれるって言ったんじゃないですか」

業者さんは専務の言葉の意味を図りかねていた。

「金儲けの目的にしてもらいたくない」

「いや、別に金儲けのためにやっているわけでは・・・」

業者さんが専務に気圧されて口ごもる。

「まぁまぁ、専務。この人だって別に私たちを騙そうと思ってやってるわけじゃないんだ。この人はこの人なりに一生懸命やってくれている。ただ今回は残念な結果が相次いだだけだ」

専務のあまりの剣幕に、私が割って入った。

「加納社長」

専務は険しい表情のまま、こちらに向き直った。

「加納社長は加盟店をどういう風にお考えなんですか？　知り合いですか？　友達ですか？　ビジネスパートナーですか？　それとも苦楽を共にする仲間ですか？」

私は専務の顔をじっと見つめ、あえて黙っていた。部屋の中の空気が一気に重量感のあるものに変わった。

「わかった、とにかく、もう少し話し合おう」

私は専務をなだめた。大阪の業者さんには「後日連絡します」といって引き取ってもらった。

このようにして、三者会談は結論のでないまま終わった。

その後、私と専務、２人だけで話し合った。

「加納社長は仲間を求めているのだと私は思っていました。木の家が大好きで、自分の好きな木の家をお客様に勧めて、建てている時も、建てた後も、お客様と共に木の家が好きな者同士の仲間でいられる工務店さん。そんな私らと通じ合った仲間を探しているんだと思ってました。違うんですか？」

専務の言葉が胸にささった。その通りだ。しかし、最初から意気投合して仲間になる場合もあれば、徐々に時間を積み重ねて仲間意識を作り上げる関係もあるはずだ。そういう意味で広く仲間を募る業者さんのやっていることも一概に否定は出来ないはずだ。

「しかし、専務。彼は彼なりに頑張ってくれている。専務の言うように金儲けのためだけに動いているとは思えない。一生懸命やってくれてるじゃないか」

専務の眼光が鋭くなった。部屋の空気はより一層重量感を増した。

「加納社長、だったら私は辞めます。あの業者とは、私は一緒に働けません。私の会社も脱会します」

「ちょ、ちょっと待ってくれ」

私は慌てた。せっかく全国展開しようと思ってスタートを切ったばかりなのだ。ここで専務に辞められては、私の夢は水泡に帰してしまう。

私は、ジッと専務の目を覗き込んだ。本気のようだ。

専務が「辞める」と口にしたときは本気だ。居酒屋でサラリーマンたちが「もうこんな会社辞めてやる」とクダを巻くのは訳が違う。しかも彼が自分の進退を賭ける時は、自分の私利私欲ではない。常に誰かのため、お客様のため、同僚の皆のため、組織のためだ。そういう覚悟で「辞める」と口にする。

私は、大阪の業者を取るか、専務を取るかの選択を迫られた。

当然、専務に辞められては困る。

「わかった。大阪の業者さんは、断るよ」

私は目が覚めた。

何でもかんでも、加盟店が増えれば大喜びしていた自分を反省した。仲間が増えたのがただ、嬉しくてたまらなかった。しかし、家を作る情熱もない、いい加減な人が入ってきたら、仲間にもならないし、家は売れないのだ。


それにしても、サイエンスホームの社長は私だ。大石さんは専務だ。専務の言いなりになっている自分がいる。私たちは社長と専務という上下関係ではなく、一緒にやっている仲間なのだ。

私は、世界で一番専務に気をつかう社長かもしれない。でも、専務の言うことが正しかったことは後日証明される。実際、大阪の業者の勧誘で入った加盟店は、ほとんど退会しているのだ。

「今後も、もしも私が間違っていたら言ってくれ」

私は専務に、そう言った。

専務と話し合い、今後、加盟店選びはしっかり、慎重にしようということになった。

浜松の事業説明会に来てくれた工務店さん。さらに、その中から「加盟店になりたい」と自ら電話してきてくれた工務店さん。その人たちのところへ契約書を持って実際にお店を見に行くことにした。それが例え北海道であろうが、九州であろうが、だ。

大阪の業者さんに任せていた時は、サイエンスホームの家を実際に見もせず加盟店になりたいと言って来たし、それをそのまま受け入れていた。私たちも、相手の顔も会社もお店も見に行くことをせず加盟店にしていた。その反省からだ。

サイエンスホームと気持ちが通じていないのに加盟する。木の家の良さ、サイエンスホームの考え方を理解していないのに加盟しても、当然、家は売れない。仲間意識がないから続かない。とてもシンプルなことだ。しかしシンプルだからこそ、ともすると忘れがちだし、見落としやすい。大阪の業者さんの一件は、この点を強烈に意識させてくれた一件だった。この件を乗り越えて、サイエンスホームの基盤が固まった。

加盟店になりたいと意思表示をしてくれた工務店さんには、私か専務が契約書を持って現地まで会いに行く。その会社、その人が健全な経営をしているかどうかを見に行くわけではない。実際のところ、健全な経営をしているのかどうかは会計士さんなどの経営診断のプロが調べなければわからない問題だ。

私たちが重視しているところは、そこではない。「私たちの考え方に賛同してくれるかどうか」だ。実際にお店での皆の働き振りをみたり、そこでじっくり話をすれば「木の家が本当に好きか」「金儲けだけが目的なのか」は、すぐにわかる。それを見極めてから、初めて契約に至るのだ。

他人を信用していないから現地まで赴いて、慎重に見極めてから加盟店にするのではない。共に歩んでいく仲間を探しているから慎重に見極めているのだ。これからずっと信用し続けていく仲間だからこそ、慎重に選んでいるのだ。健全な経営を重視せず、考え方を重視する。ビジネスパートナーを求めているのなら、おそらく逆になるだろう。でも仲間を求めているから、こうなる。健全な経営でないなら、仲間皆で助けて、健全な経営にもって行けばいい。そんなことより考え方だ。全員が同じ想いを胸に抱き、全員が同じ方向を向いている。それがサイエンスホームの考え方であり、「ワンピース思考」だ。サイエンスホームの強さの秘密はここにある。

●お客様に安心していただくために

加盟店は慎重に選ぶとは言ったが、「では、狭き門で少数精鋭に絞り込むのか？」と言うと、それは全然違う。今でも加盟店はどんどん増やしたいと思っている。それにはこんな理由がある。

今からだいぶ前の話になるが、お客様にサイエンスホームのモデルハウスに来て頂いたことがあった。お客様には木の温もりが伝わるサイエンスホームをとっても気に入って頂けた。話が弾んで意気投合。説明や商談がどんどん進む。家も気に入った。間取りも気に入った。金額も気に入った。営業マンも気に入った。遮るものは何もなかった。そうしたら、もう実際に建てていただくしかない。

いよいよ最終段階の契約を交わすとき、お客様の親御さんがやってきた。そして一言「こんな聞いたこともない会社、大丈夫？」

親御さんの説得により、契約はあっという間に大手ハウスメーカーにひっくり返された。親御さんとしては悪気があったわけではなく、ただ純粋に心配だったのだろう。最愛の息子が、一生で一番大きな買い物をする。それを心配しない親はいない。そして子どもからすれば、今まで育ててくれた親を心配させてまで、自分の我を通して家を建てるのは気が進まない。それもとても理解できる。だが、私たちとしては悔しかった。

最終段階まで行っておきながら契約を取れなかった悔しさも当然ある。しかしそれ以上に、せっかく気に入ってくれたサイエンスホームを、自分たちの知名度がないばかりに諦めざるを得なかったお客様に対して申し訳ない気持ちでいっぱいだった。自分たちの力のなさが悔しかった。

例えば東北で、サイエンスホームを建てるとする。その時に「浜松のサイエンスウッドという工務店が開発した木の家を、あなたの家として、みちのく工務店が建てます」と説明されるのと、「全国129店舗で全国展開しているサイエンスホームが、ここ東北でもあなたの家を建てます」と説明されるのでは、どちらが安心できるだろう？　答えは言わずもがなである。

お客様に安心してもらいたい。その想いだけで加盟店の数を増やしてきた。ここで重要なことが2つある。「質」と「ブランド」だ。加盟店の数が多くて全国展開していれば、お客様は安心するかというとそうではない。当たり前の話である。

質の高い工務店が質の高い家を作り続けなければ、信用は定着しない。どんな広告よりも、口コミは最強の広告である。実際に建てた人、住んでいる人が満足しているという口コミは住宅会社が作る色とりどりのチラシよりも、何倍も信用できる。

もうひとつ重要なのが「ブランド」である。先ほどの例で言うと、一工務店と全国129店舗に広がるサイエンスホームの東北支店の違いである。だから私は加盟店になってもらうときに、この「サイエンスホーム」という看板に関して詳しく説明をする。低価格で抑えているのに高品質な木造真壁の家「サイエンスホーム」を、たんなる商品名にしてはいけない。そうすると、加盟してくれた工務店の品揃えが増えるだけで終わってしまう。逆に、サイエンスホームという看板を皆が掲げれば、参加する工務店が増えれば増えるほど、サイエンスホームという名前に力が宿り、その力を使って参加した工務店が営業できる、お互いに力を与え合うサイクルができるのだ。お客様が足を運ぶのは、そこにコンビニエンスストアの看板が掲げられていて、その看板をお客様が知っているからだというのと同じ構造だ。

だから、サイエンスホームを「看板」に、「ブランド」にしなければならない。その数が質を保ちながら広がっていくことで知名度が上がり、お客様を安心させることができる。おかげさまで現在、サイエンスホームは全国展開できている。今では、「こんな聞いたこともない会社、大丈夫?」と言われることもない。

質の高い加盟店を「サイエンスホーム」のブランドで数を増やす。それはお客様に安心していただくために必死でやってきたことだ。しかし、これは思いもかけない効果を生み出した。

質の高い加盟店が増えていくに従って、今までサイエンスホームに見向きもしなかった工務店も注目しだした。支店をいくつも持つ工務店や、独立独歩できちんと経営が成り立っている力のある工務店が、サイエンスホームに興味を示しだしたのだ。

考えてみれば当然かもしれなかった。加盟店が5店舗しかないフランチャイズなら、「いかがわしいフランチャイズ」と思われても仕方ないだろう。力のある工務店なら、わざわざそんな「いかがわしいかもしれないフランチャイズ」に手を出すリスクを犯してまで、今の経営方針を変更させる理由がない。

しかしこれが10店舗に増え、30店舗に増え、50店舗に増え、ついには加盟店が100店舗を超えて全国に存在するようになると話が変わってくる。なぜサイエンスホームは急成長しているのだ? どんな家を作っているのだ? 価格は? クオリティーは? 注目せざるを得なくなる。そして、事業説明会に出席し、自分の目でモデルハウスを確認し、サイエンスホームの考え方に賛同すれば、今度は加盟しない理由がなくなる。お客様に喜んでもらえる高品質低価格の木造真壁住宅を、加盟金なしで広めようとしているのだから。

お客様に安心してもらいたい。その想いだけで加盟店を増やしてきた結果、実は入ってくる加盟店をも安心させる結果となった。質の高い加盟店が増えるに従い、力のある工務店も無視できなくなる。注目する。考え方に賛同して、強い工務店が仲間になる。その様子を見ているとなんだかルフィを思い起こすのだ。仲間が集まり、数々の難関を乗り越え、知名度が上がり、ルフィたちの海賊団に掛けられた賞金額が上がっていく。その賞金額に他の海賊団の中でも話に上るようになり、一線交えた奴らがルフィ達に惹かれ仲間になる奴が出てくる。そしてルフィ達は更に強くなる。そんな姿についサイエンスホームを重ねて見てしまうのだ。

第3章

従来のフランチャイズと全く違う仕組み

●全国に応援しあえる仲間ができる大石塾

ルフィたち麦わらの一味が日々強くなる理由は、「仲間がどんどん集まってくる」「集まってくる仲間がそれぞれ強い」「仲間が個々に成長して、それぞれがより強くなっていく」の3つだ。ここでは、「個々に成長して、より強くなっていく」ことについて説明しよう。

ワンピースの中盤のクライマックスとして海賊と海軍の全面戦争がある。海軍に囚われ処刑されそうになる海賊ルフィの兄エース。エースを取り戻そうとルフィたちが立ち上がり、世界最強の海賊、白ひげ海賊艦隊をも巻き込んでの頂上戦争である。その頂上戦争で海賊一派は、エースも白ひげも失い、ルフィは自分の無力さを知る。世界各地に散った麦わらの一味の海賊の仲間たちにルフィは、「3日後ではなく2年後に再会しよう」というメッセージを送る。

――焦っても今の俺たちじゃ新世界は駆け上がれねぇ。立ち止まって力をつけるんだ。そしてまた必ず集結する――

ルフィの決意どおり、仲間たちは2年間それぞれの地で死に物狂いの修行を続け、そして以前とは見違えるような力をそれぞれがつけ、再び結集することになる。

サイエンスホームにおいて、この死に物狂いの修行に当たるのが大石塾である。大石塾は厳密に言うと2つに分かれる。接客、商談、プランニングを教え込む「初級編」と、接客における心構えや魂を徹底的に鍛え上げる「営業魂編」である。

大石塾はその名の通り大石専務を筆頭に、風神・雷神と呼ばれる営業のスペシャリスト、平野さんと渡邉さんの3人が講師だ。毎月1回、1泊2日。それを3ヵ月かけて行う。受講者が支払う費用はわずか18,000円。この安さに驚く人も少なくない。1泊2食付いているので、ほぼ宿泊費だ。講師である3人の講師料や人件費などは全く考慮されていない。これにも、きちんとした理由があり想いがある。

私たちは加盟店である工務店さんに、どんどん家が売れるようになってもらいたい。そして、仲間たちの地力を引き上げるために大石塾が始まった。決してお金儲けのためにやっているわけではない。普通のフランチャイズの仕組みであったら、研修料として5万円なり10万円を加盟店から徴収することだろう。「今回は参加者が多かったので、これだけ利益が出た」と収益の柱の一つとすることもあるだろう。

しかし、それではサイエンスホームのやり方ではない。私たちは「来てもらって」「学んでもらって」「契約につながって」「完工が終えて」「お客様に喜んでもらって」という、みんなに売ってもらえる仕組みを作りたいのだ。

さらに言うと、加盟店の中にはなるべく最初はお金をかけたくないというところも多い。だからなるべく費用負担を減らす。高くして来てもらえないのでは本末転倒だ。

参加費18,000円は確かに安い。ただ全国から本社の浜松に来てもらうわけだから、交通費がかかる。九州や北海道の仲間も来る。さらに1回につき2日間は時間を割かなければいけない。貴重な時間を費やすのだから、濃い時間にしたい。

そういう想いでやっているので価格は抑えていても内容は充実している。低価格なのに高品質だからこそ感動を生むというサイエンズホームイズムが、こんなところにも生きている。

考えてみればおかしな話である。風神・雷神と呼ばれている平野さんや渡邉さんなどは、営業のスペシャリストだから自分たちで家を売ってしまったほうが売り上げはよっぽどあがる、とそれぞれに豪語している。本当なら、自身の会社で部下を育成すべきところを、サイエンスホームグループの各加盟店に営業魂を注入するために活動しているのだ。魂を注入する、それはこの3人でなければできない。

専務、平野さん、渡邉さんの3人はコンサルタントという机上の理論を考えている人たちではない。現場をずっと歩んできた人たちだ。だから、現場で使える接客を教えることができる。3人とも売れる営業マンだからこそ超実践的なことしか教えない。実際に契約に結びつく商談の進め方、プランニングが学べる。それらは、完全自動化したシステムかというと、残念ながらそうではない。むしろ真逆である。それは大石塾の卒業生が次に学ぶコースの名前が「営業魂編」ということからもわかるだろう。

営業魂編では文字通り魂を教える。企業秘密の部分があるので、細かく内容を教えるわけにはいかないが、専務を始め、風神・雷神の3人はこの点に関してはとても熱い。

「他の住宅販売の現場を見ていると、魂の入っていない営業が本当に多い。お客様のためにと口では言っているが、口先だけやっている人が多い。でもお客様からすれば何千万円もの買い物じゃないですか。それを仕事でやられちゃ困るんですよね」

専務自身が家に対して並々ならぬこだわりがあるからこその言葉だ。

そんな熱い想いを叩き込まれて、血みどろの修行かと思いきや、参加者の感想はそうではない。みんなが「楽しい」という研修なのだ。

住宅営業という世界は、一歩外に出ればみんなが敵だ。家を建てたいという希望を持ったお客様を取り合う敵だ。だからお互い手の内は見せたくない。自分の手の内を晒すどころか手の内を読まれたら、たちまち決まりかけていた契約でもひっくり返されてしまう。

他の業種とは違って、ひとつの商品の単価が数千万円もする業界だ。契約をひとつ取れるか取れないかは大きい。必然的に海千山千の連中によって、相手の裏をかこう、展示会に来たお客を一人たりとも逃さないようにとあの手この手を駆使する。

つまりみんなが敵であり競争相手なのだ。住宅業界に限らないのかもしれないが、高みに登ろうとする者は皆、理想に向かい孤独の道を歩いている。自分の判断が果たして正しかったのか？　こういう場合、他の人ならどういう手段を講じるのか？　不安と葛藤を抱えながら、誰にも相談できずに悶々としながら、それでも自分の判断は正しかったのだと、なかば無理矢理、自分自身に信じ込ませながら前進し続ける。

相談できる仲間がいる者はいい。しかし、相談することが弱みを見せることと思っていれば、相談なんてできない。相談できる人がいない場合も多いだろう。

そんな孤独な者たち。出身地域も、持てる経験もバラバラな、ただ「木の家が好きだ」という共通項しかない者たちが集まってくる。

この仲間意識が実に面白い。参加者の多くは、経営者か、経営者予備軍である。そういう者たちの意識は、雇われ会社員とはまるで違う。皆のためには己のちっぽけなこだわりやプライドなどをあっさり捨て、なんでもやるようになるのだ。「いままでやってきたことの経験から」などという常識やプライドを打ち砕き、謙虚に教えに従がい実践する。他の仲間のアドバイスや助けをお願いする。

思うような結果が出せていない者がいると、その情報を皆で共有する。どうすればいいのか？　どのような有効手段が打てるか？　それらをみんなで共有し、知恵を出し合い、解決する。

「うちの地域ではこういう事をすると効果があるが、そちらの地域性では可能か？　やってみる価値はあるか？」

「過去にこういう事例があり、こういう施策を打ったら解決できたが、今回の事例に応用できないか？」

「俺ならこうしてみる」

「そのお客様は本当はこういうことを望んでいるのではないだろうか？」

こうして、それぞれがいい意味で貸し借りを作りまくる。そうして解決して成約した案件は、今度は成功事例に変わり、ノウハウとしてストックされる。誰かが困ったときに、今度は自分がストックしているその成功事例を提供して応用できないかをみんなで考える。

真剣に自分の打開策を考えてくれる仲間がいる。当の本人も自分の仕事に真剣になる。すると、時に魔法がおき、突然売り上げがあがったりする。それを見ていた別の参加者にも良い刺激になる。魔法がおきた成功法を共有する。するとまた魔法がおきる。という良い循環が生まれる。そんな経験を共有できるのだ。

当然、連帯感が生まれ加盟店同士も仲間としての絆を深めていく。事実、大石塾の卒業生たちは大石塾が終わった後もずっと連絡を取り合っている。これほどまでに濃い付き合いができる同業他社の仲間たちとのつながりが過去にあっただろうか？　3ヵ月間の大石塾が終わったからと言って、このつながりを切ることができるだろうか？　そんなもったいないことをする者はいないだろう。だから皆、卒業後もずっとラインなどで連絡を取り合い、「今、こんなお客様がいるんだけど」と相談しあえるのだ。

こうして、サイエンスホームの看板の下集結したメンバーは、仲間になっていくのだ。同じ看板の下で働くメンバーは仲間、敵やライバルにはなりえないのだ。

専務の話では、この塾に参加した者は、会社の中で上司は何をするべきかがわかる。社員は会社や上司のために何をするべきかを気づくという。卒業後は、お互いの販売ツールや営業ノウハウを交換し合い、お互いの展示会には無償で応援にかけつける。そういった組織づくりの土台となっている。

住宅営業の世界は周りは皆敵だ。でも、救いがある。サイエンスホームの営業には仲間がいるのだ。たった一人の孤独な戦いではない。サイエンスホームが好きで、サイエンスホームを売ろうとしてくれている人なら、皆仲間だ。悩んで相談する相手は、仲間のふりをした敵じゃない。心の底から応援をしてくれる仲間なのだ。そんなみんなで、互いに手を携え、実力をつけていく。これで売り上げが上がらない訳がない。こんな海賊団が強くならない訳がない。これこそがサイエンスホームの「ワンピース思考」なのであり、本当の仲間づくりをしてくれているのが、大石塾の営業魂編なのである。

●風神・雷神が加盟店をサポートしている

さらに、サイエンスホームが加盟店をサポートする体制は、大石塾だけではない。大石塾の講師である風神の平野さんと雷神の渡邉さんを展示会へ派遣して、実際に家を売る営業サポートもしているのだ。

風神・雷神は、各地のモデルハウスで開催される展示会へ応援にも行く。右も左もわからない土地に降り立ち、地域性も地価もわからない状態で接客を行い、実際に申し込みをいただく。まさに神がかりな活躍ぶりである。加盟店さんはその風神・雷神の接客や行動を見て、その一挙手一投足を学ぶのだ。

そうやって間近で実際に接客を見せ、「この家は売れる」「こうすれば売れる」「こうすればお客様は喜んで下さる」ということを背中で教える。マニュアルでは伝わらないことを教えているのだ。

今の時代はホテルでもレストランでも接客が悪ければ、お客様は二度と来てくださらない。接客が全てを握っていると言っても過言ではない。しかし住宅業界ではまだそこまで接客に関して敏感ではないと感じるときがある。

確かに昭和の時代、昔ながらの工務店ではお客が来て当たり前な時代があった。そして工務店側も基本的に「お客さんは来て当たり前」と思っていた部分もあった。

しかし時代は変わった。今は接客の時代である。お客様の意識は完全に変わったのに、接客する側の工務店は意識が変われずにいるところが多い。特に昔ながらの工務店は、横柄になりがちである。ただ当の本人たちは自分たちのやり方で、きちんと応対ができていると思いがちだ。それが大きな問題なのだ。

専務や風神・雷神は住宅業界以外の業界経験者である。それも徹底した「お客様のために」を貫いた会社だ。おそらくは住宅業界のあり方に疑問をいだいたのではないだろうか？　せっかく良い商品を持ちながら接客のために失注する。名刀を持ちながら剣術を習ったことがなく、見よう見まねで振り回しているように見えるのかもしれない。

だから大石塾では剣術の技と稽古方法をみっちりと叩き込み、展示会という実戦では風神・雷神を送り込んで見取り稽古をさせているのだ。

風神・雷神は現地に入って本当に丁寧に接客する。展示会にご来場頂いたお客様に「貴重なお時間を割いて頂いてありがとうございます」「遠いところをお越しいただきありがとうございます」「興味を持って頂き、本当にありがとうございます」という気持ちで接しているところを背中で見せる。

加盟店さんは、今まで自分たちがやっていた接客ではこんなにお客様の顔がほころんだことがない瞬間を目の当たりにしたりする。

「どうすれば成約に持っていけるか？」だけを目的とした対応ではなく、お客様と心を通わせるコミュニケーションをとる。お客様も会話を楽しみ、家を楽しみ、空間全体を楽しむ。こちらがごり押しして契約に持って行かなくても、自然と成約への流れとなる。それを間近で見られるだけでも価値は大きい。

しかも、風神・雷神が送り込まれるのにあたって、工務店が負担する費用はゼロ円である。風神も雷神も人件費はおろか、交通費も宿泊費も自己負担で参戦する。ならば成功報酬か、と思う人がいるかもしれない。しかし、成功報酬でもないのだ。成約した売り上げは全て工務店のものだ。

そろそろ頭が混乱してきた人もいるかもしれない。「どういうことだ？ 意味が分からない」そんな声も聞こえてきそうだ。

順を追って説明しよう。

まずサイエンスホームのサポート体制は何の為にあるかというと、それはひとえに加盟店である工務店の皆さんに家を売ってもらうためだ。売ってもらうことによって、サイエンスホームの家を、ブランドを広めてもらおうとしている。

お客様より受注した加盟店が、木材の発注をサイエンスホームにすることで本部の経営が成り立つ。上納金のロイヤリティで収益を確保して経営を成り立たせている他のフランチャイズとは、ここが決定的に異なる。加盟店は本部の下部組織なのではなく、本部の取引先なのである。つまり家を売ってもらわないと成り立たない仕組みである売れるようになってもらうために大石塾で技を授け、ともに解決できる仲間との絆を強化する。

さらに展示会に風神・雷神を送り込み、実戦でマニュアルでは伝わらないことを教える。ここまでが一貫した「仲間を育てる」ためのサポートなのだ。ロイヤリティを払ってもらうお客さんならいざ知らず、仲間からはお金は取れない。しかも仲間のためには本気になる。これこそサイエンスホームが目指す「ワンピース思考」の姿なのだ。

「交通費も宿泊費もいただいていないんです」

と言うと、

「そういうわけにはいかない」といって、ホテルをとってくださり、飛行機のチケットも用意してくださる加盟店もある。ありがたいことだ。

しかし、あくまでも、風神・雷神を派遣するのは、家を売る力をつけていただくことが目的であって、交通費や宿泊費をもらうのが目的ではない。

風神は東日本全土を担当しており、雷神は西日本全土を担当している。現状では専務を含めても3人で日本全国の営業体制を支えていることになる。

こんなことがあった。岩手県花巻市でモデルハウスが完成して、展示会が開催されたときのことだ。この岩手の工務店さんは、とても頑張り屋さんの女性スタッフだった。妊娠9ヵ月でも、大石塾に参加されていたことでも、その熱意は伝わってきていた。そこで本来は東日本なので風神・平野さんだけが駆けつけるところだったが、専務は将来の可能性を見越して、異例の風神と雷神をダブルで派遣した。

結果はどうなったか？

土日で来場者が41組。そのうち24組が成約見込みだ。実に58.5％である。

もう一度よく考えて欲しい。首都圏や名古屋、大阪といった大都市ではない。デパートや百貨店の催事場でイベントをやってもこれほどまでの成績を上げられるだろうか？　例えば1万円の万年筆の販売イベントをやったとして41人接客をしたうち、24人が買っていくだろうか？　例えば5万円のイージーオーダースーツの販売イベントをやったとして41人接客して24人が採寸して購入するだろうか？　しかも展示場で販売しているのは1万円や5万円という金額ではない。数千万円という人生で一番大きな金額の買い物なのである。住宅業界の人間でなくても、この凄さは伝わると思う。

どうして、このような凄い営業ができるのか？

実は、彼らが歩んできた道のりに、その秘密がある。

大石さんが住宅業界に来るきっかけを作ったのは私だ。大石さんは、アパレルメーカーの営業であった。アパレルと言っても、草野球のユニフォームを主戦力にして成長してきた会社だ。プロ野球選手も着用しているユニフォームメーカーや、誰もが知っている大手のメーカーを相手に草野球の分野で約50％のシェアを誇る浜松の優良企業である。大石さんはその会社でトップセールスを誇り、平野さん、渡邉さんは部下であった。

その野球ユニフォームメーカーの社員教育の徹底ぶりが凄い。少し脇道に逸れるようだが、サイエンスホームをわかっていただくために少しの間、お付き合い頂きたい。

その会社は当時50名くらいの社員で成り立っていた。社内には幾つかの暗黙のルールがある。その一つには、「お客様に対して『できない』は絶対に言わない」ということだ。

こんなことがあったそうだ。ユニフォームをチーム名入りで作るのには、通常1ヵ月はかかるのに、お客様から
「次の日曜日の試合で使いたい」

と注文が入ったのだ。それでも「できません」とは言わない。社員一丸となって、お客

様のためになんとか仕上げた。仕上がったのは土曜日の夕方だったそうだ。そこから運送会社に配送の依頼をしたのでは間に合わない。そこで、大石さん自ら、ユニフォームを持って新幹線に乗り込み、浜松から大阪まで現物を届けたのだそうだ。

冷静に考えたら赤字だろう。その仕事を断った方が会社としては収益が確保できたかもしれない。しかし、その会社は断らない。そうやってお客様からの信頼を勝ち取るのだそうだ。

他にも、社員の礼節に対する教育の徹底ぶりも、ものすごいものがあったそうだ。社員同士、絶対に敬称をつけて呼び合う。部下が上司を呼ぶときは当然だが、上司が部下を呼ぶときもである。上司が

「三橋これをやっておけ」

などと言うのはもってのほかで、

「三橋さん、これをお願いします」

と、新入社員に対しても敬称をつけて話す。呼び捨てで話すなんてことは、ありえなかったそうだ。お互いを尊重し合うという社風は、敬称をつけてお互いを呼び合うばかりでなく、こんなことにもなっていたそうだ。

毎朝のこと。出社時間に合わせ、それぞれに集まってくる社員が部屋に入ってくるたびに、既に出社している社員は、仕事の手を止めて起立して挨拶しなければならなかった。社長などの偉い人限定に対してそうするのではなく、新入社員であろうが、部下や後輩であろうが誰に対しても起立して

「おはようございます」

と深々と頭を下げるというのだ。一人一人に対してこれを行うということは、一番に出社してきた者は他の50人の社員に対して50回これを行うということだ。

社員同士のお互いへの気づかいがこのような会社だから、お客様の訪問はもっと大変なことになったそうだ。お客様の車が会社の建物に近づくと全館放送で

「中野様がお見えになられました」

と流れる。すると社員たちは全員、全ての仕事を中断し玄関に集合し、一列に並んでお出迎えをしたそうだ。さながら野球のプレイボール前の整列である。もちろんお見送りのときも同様だ。全館放送で

「中野様がお帰りになられます」

と流れると玄関前に一列に整列し、お見送りする。この様子に、ある運送会社S社のド

ライバーに
「君たちはまるで軍隊だな」

と感心して言われたそうだ。当時、S社のドライバーといえば、重労働で有名だったから、そのドライバーに言われるくらいの徹底ぶりだったのだろう。

この話で、大石塾の雰囲気や目指すところ、そして「営業魂」というネーミングも少しはわかっていただけただろうか？

専務の大石さんはそんな会社での経験から「お客様のために」を叩き込まれてきた。その専務が手塩にかけて「お客様のために」を叩き込んだのが風神・雷神である。

二人は、私の誘いで専務がアパレル業界から住宅業界という１８０度違う世界に飛び込む決断をしたとき、専務を追って同じように仲間になったのだ。

特に、風神・平野さんは専務と同時に仲間になった。専務は、「自分もどうなるかわからないから」と一緒に転職しようとする平野さんを止めた。ところが、私がソフトボールチームの助っ人として来てくれた平野さんに出会い、一目惚れしたのだ。

「ぜひ、うちに来てくれ！」

風神・平野さんは、そう言わせてしまう何かがあるのだ。

風神に関しては、こんなこともあった。秋田でのことだ。お客様は当たり前のように秋田弁で話す。ところが、秋田弁は独特のものがあり、何を言っているのか、さっぱりわからない。

「すいません。もう一度言ってください」

というとドツボにはまる。もう一度言ってもらってもやっぱり聞き取れないからだ。

そんな状態でも、風神は誠心誠意の接客をする。言葉がちゃんと通じてなくても、木の家に対する情熱やお客様を大切にする思いは秋田のお客様にもちゃんと伝わるのだ。風神の接客に触れたお客様は「今日は、ありがとう」とおっしゃってお帰りになる。

言葉が通じなくても魂は通じる。まさに、神がかり的な魂の接客だ。これが、加盟店さんにとってはいい刺激になる。風神は使命感が強い男なので、どこへでも飛んでいく。そして、魂の接客をする。

風神はぶっつけ本番にも強いタイプだ。本番で加盟店の営業担当者が悪い接客をしているのを見つけては、それを救う。

対して雷神と呼ばれる渡邉さんは、外見のいかつさとは裏腹で、他人の気持ちが痛いほどわかり、しかもそれを受け止めることのできる人だ。やはり、情に厚い人間である。

偶然なのか、あるいはすべて専務の軍師としての先見性なのかはわからないが、この情に厚い渡邉さんを、理よりも情で動くとされる人が多い西日本に配置したのは、まさに適材適所といえる。関西の人たちは、上目線的な人間を極端に嫌う。雷神のような細やかな配慮のできる性格の人間が適しているだろう。

昔、草野球で専務がピッチャーをやり、渡邉さんがキャッチャーをやっていたという。渡邉さんは甲子園に出場したほどのプレイヤーだから、いい女房役をしていたことは容易に想像できる。

雷神の素晴らしいところは事前の準備にある。準備のスペシャリストといっても過言ではない。展示会に来てくださるお客様がどのように行動し、どのように感じるか、すべて準備しておくのだ。

仕事は準備が8割というが、雷神の場合は、準備120パーセントだ。お客様のために緻密に準備するのだ。掃除はもちろんのこと、雨が降ったときはどうするのか、押し入れをお客様が空けたとき、そこは綺麗になっているのか、お客様が見るところはすべて完璧に準備しておくのである。

もちろん、展示会の前の日に現地へ入る。加盟店の皆さんと事前の話し合いを、納得するまで何時間でもする。必要とあれば、ロールプレイングで接客の練習までして本番を迎える。雷神は慎重派だ。

風神・雷神、それぞれ違うタイプの営業スタイルだといえる。

風神・雷神で日本全土をカバーし、共にマニュアルでは伝わらない接客を自らの背中を見せることで伝え、定着させていく。成約件数を重ねるのはもちろんのことだ。

加盟店さんから見たら、おそらく冗談抜きに「神」に見えるのかもしれない。突如、展示会に舞い降り、自分たちが苦戦している脇で次々に申し込みをいただく。しかも見返りを全く求めない。その背中で語るものは、あまりに大きい。

アニメ「ワンピース」のルフィが何故強くなろうと決意したのか？　色々な事情や理由があるだろうが、幼い頃に出会った赤髪のシャンクスの存在は大きいだろう。ルフィのトレードマークとなっている麦わら帽をルフィに託した人物だ。自分のことを馬鹿にされているときはヘラヘラと受け流しているが、仲間のことを馬鹿にされたら相手を瞬殺する実力の持ち主だ。そして泳げないルフィを自らの左手を失ってまで助けた恩人である。ルフィは赤髪のシャンクスを見て「憧れ」、自分もあんな風になりたいと「願い」、「強く」なっていったのだ。

風神・雷神も同じ役割をしているような気がする。手助けに行った先々で、加盟店の皆さんに「憧れ」られ、自分もあんな風になりたいと加盟店さん自らが「願い」、実際に「実力をつけ」て、今度は別の加盟店を「助け」にまわる。それほどのインパクトを与えているのであろう。

●集客からセールスまでサイエンスホームがやっていること

サイエンスホームは木の家の工期を短縮し、設計施工できる工法や仕組みのブランド名である。本部の役割で一番重要なことは、サイエンスホームというブランドを育て、さらに広め、守ることだ。

ブランドを育てるために、加盟店の皆さんに徹底してお願いしてきたのは、サイエンスホームをブランドとして扱ってください、サイエンスホームというブランドを売ってください、ということだった。つまり、サイエンスホームを建てるときには、○○工務店が建てたサイエンスホームという取り扱いをしないでください、ということだった。だから、サイエンスホーム鹿児島店とか、サイエンスホーム札幌店という看板が全国に掲げられている。

サイエンスホーム○○店と看板を掲げていても、実際の会社は、それぞれ独立したオーナーも別の会社だ。本部が行うことは、このブランドを使って仕事がしやすくなるようにすること全てである。

そこで、

「サイエンスホームの加盟店になったら仕事がしやすくなり、自動的に売り上げがあがるの？」

と思ったあなたは20点だ。サイエンスホームは確かに低価格高品質な真壁現しの木造住宅だ。しかしながら、黙っていて勝手にお客様が

「すみませーん。あの3丁目の家を作ったのはこちらの工務店だと伺いまして。我が家も是非おたくの工務店で作って頂きたいんですけど」

などと言って来るという訳ではない。

加盟店になってサイエンスホームという看板を掲げたからといって、自動的に家が売れるという自動化システムなどどこにもない。もしも、自動的になんとか、ということを

望んでいるのなら、サイエンスホームグループとはおよそ縁がない、と思ってもらったほうがいい。サイエンスホームグループはそういった、これをすれば、すぐにこれができますよ。という今のはやりの傾向とは真逆の文化のグループだ。

「でも、風神・雷神が展示会に来てくれて売ってくれるんじゃ？」

そう思ったあなたは50点。確かに風神・雷神の接客から叩き出す成約率は凄い。しかし、それはあくまで見本であり、そこから徹底的に学べるものは学んで、自分のものにしてもらいたい。使いこなせるようにならなければ全く意味のない依存心の塊である。風神と雷神は合わせて2人しかいない。全国の加盟店の仲間は百を超える。展示会のサポート依頼が来ても百ヶ所同時に来てしまったら、いくら超人とはいえ、同時に百ヶ所にはいられない。

だから、何がよいかというと、本部から何かをやってもらうことを待っている間に、自ら動いたほうがよっぽど成果はでる。そう、そうなのだ。サイエンスホームが他のフランチャイズと良くも悪くも決定的に違うところはここなのだ。

他のフランチャイズは本部をトップとして加盟店を下部組織とした組織である。本部は下部組織である加盟店の売り上げからのロイヤリティや加盟金を主たる収益としている。だから本部がすべて管理する。本部の人間が突如やってきて

「売り上げが下がっている。どうなっているんだ?」

「ああしろ、こうしろ」

「本部が新しく打ち出した方針はこうだから従ってもらわないと困る」と命令する。

しかしサイエンスホームの本部には、細かく加盟店の仲間に、

「ああしろ、こうしろ」

と言いまわる暇人はいないのだ。本部は最小限の人材で、最低限必要なことのみを行っている。加盟店は仲間だが、個々が独立した組織だ。そこに突如介入はしない。もちろん助けを求める仲間には全力で必死で手助けをする。しかし逆に言えば助けを求めてこない仲間には、こちらからは何もできないのだ。


考えてみて欲しい。サイエンスホーム本部は加盟店から見れば木材の発注先だ。もし、自分の部下が期日までに契約を纏め上げなければ上司であるあなたはどうするであろうか? おそらく現状や事情を訊きに行くに違いない。もしかしたら期日前でも「あの契約、あいつで本当に大丈夫かな?」と疑っていれば逐一報告を求めたり、事情をヒヤリングしに行くかもしれない。

では、取引先の一つから最近注文が来なくなったら、あなたはどうするだろうか? 取

引先に出向いて行って「最近注文ないんですけど、どうしたんですか？　大丈夫ですか？」とやるだろうか？　おそらく気にはかけていても、部下のときと比べたら圧倒的に介入の度合いは弱まるのではないだろうか？

サイエンスホームも同じである。各エリアマネージャーはそれぞれの地域の加盟店を気にはかけている。しかし、加盟店側からＳＯＳサインを送ってくれなければこちらからは動きようがないのが現実だ。なにより優秀な加盟店ほど本部やエリアマネージャーにはあまり連絡を取ってこない。自力で解決したり、大石塾で獲得したチームやネットワークを駆使して解決して着々と実績を積み上げていくからだ。

本部もエリアマネージャーも自分たちの工務店としての仕事を抱えながらの役割である。小学生の家庭訪問みたいに加盟店一軒一軒を訪れて

「最近どうですか？　契約伸びてますか？　何に悩んでますか？」

などとはやらない。これは放任主義とは似て非なるものである。

仲間だと思っているからこそ信頼がここにある。信頼しているからこそ、悩んでいることと、やろうとしていることを知らせてもらえないと動きようがないのだ。それを最大限にフォローできるように大石塾や営業魂編の卒業後のネットワークがあったりするのだ。今

は助けられていても、いずれは自立して助ける側に回るのが大前提なのである。

「いつか俺だって戦力になってやる」

という意気込みで必死に努力し、もがいている加盟店は決して見捨てない。そしてそういう加盟店はいつの日か必ずそげキングへと成長したウソップになることは私を含めエリアマネージャーたちや専務、風神・雷神も全員が経験則上知っている。

そうは言っても、

「自分たちのやり方の何が悪いのかすらわからない」という状況もあるだろう。そのために大石塾初級編がある。現在は新規加盟店に大石塾初級編が義務化されている。その他、思うように売り上げを伸ばせない加盟店をサポートする施策を数多く打っている。そのひとつにチラシがある。

多くの工務店が展示会のチラシを作るときに、今までの流れで昔から付き合いのある広告代理店でチラシを作る。しかし実はこれが大きな間違いである。地元の広告代理店は当然の事ながらサイエンスホームのチラシを専属で作っているわけではない。地元のスーパーのチラシを作っていたり、商店街のチラシを作っていたりするひとつに、住宅展示会のチラシの作成がある。つまり住宅展示会のチラシを作る頻度は極端に少ない。ちなみに大手ハウスメーカーなどはフランチャイズの形式を取っているから本部で統一規格のチラシを作成し、地域ごとに微修正して使わせる。これは何を意味するかというと、地元の広告代理店から見ると住宅展示会のチラシに対するノウハウがほとんどないということであるから、無難なチラシができ上がってくるということだ。そこに、サイエンスホームの良さや、どうすればそれが伝わるかなどは期待するだけ無駄である。

追い討ちをかけるのがカメラマンである。工務店としてはチラシになるべくなら費用をかけたくない。だからモデルハウスの撮影も、最低価格のカメラマンで済ましたりするケースが多い。必然的にのっぺりとした撮りっぱなしの写真ができ上がる。考えてみて欲しい。あなたがいくら「家をそろそろ建てたいな」と考えていたとしても、のっぺりとした写真が掲載されているチラシを見て、貴重な休日に時間と交通費をかけて展示会に訪れようと思うだろうか？　これでは集客できない。集客できなければ売れないのは当たり前である。

木の家には木の家を美しく、暖かく、住み心地良く見せる見せ方がある。これもサイエンスホームのブランディングの一貫である。スーパーのチラシのような展示会のお知らせを作るのは自由なのだが、それが集客につながることはないだろう。本部には、サイエンスホームの魅力が最大限伝わり、集客できるノウハウがある。できれば、このチラシ作成は本部を使ってもらいたい。それは、加盟店の皆さんにとっては、最も簡単に集客できるチラシになるはずだ。ところが、そこを本部を頼らず自分たちで頑張ってしまう加盟店もある。

チラシは、サイエンスホームの木の家が好きなお客様を展示会へ集客するために、重要な要素にも関わらず軽く扱われるので、営業チラシを頼んでくれたら風神・雷神がサポートに行くというサービスをつけることにした。チラシに使う写真を10万円で撮る、というサービスもある。写真を10万円で撮ると聞くと、

「自分の知り合いのカメラマンの方が安くできる。そんなもの、サービスでもなんでもないじゃないか」

と思う人もいるかもしれない。では、これから一連の流れを説明しよう。そうすればこのサービスがいかに破格なのか納得してもらえるはずだ。

例えば鹿児島でモデルハウスができ上がり、展示会を行うことになったとしよう。サイエンスホーム鹿児島店が本部にチラシを注文する。すると専務が、本部直轄の広告代理店さんとカメラマンさんを連れて、浜松から鹿児島に向かう。

何故、わざわざ専務が自ら出向くのか？　別に全国で統一感を持たせるために大石さんを含め、固定の３人が出向くわけではない。それは専務が作ったチラシでないと売れないからだ。

チラシというものは、思っている以上に感覚的なものである。例えば思い返してみて欲しい。新聞に折り込まれているチラシを手にとって眺めるときと眺めないときの差は何だろう？　街中で見かけたチラシやパンフレットを手に取り持って帰るときと、さらっと流すときの違いは何だろう？

「欲しかったものがたまたま安かったから」もちろん、そういう場合もあるだろう。しかし、それならば旅行代理店のパンフレットは何故あれほどまでに紙面を割いて写真を掲載しているのだろうか。価格が最も訴求力を持つのであれば、旅行代理店のチラシは行き先・航程・価格の情報で事足りるはずである。その方がチラシ作成コストも抑えられるし、限られた紙面に沢山のツアーパックを掲載できる。しかし、旅行代理店はそれをしない。どうしてか？　それではお客様が申し込むに至らないからだ。

広告というのは微妙なニュアンスの違いが結果を大きく左右するものだ。「お、何だろう？」「あら、なんか素敵！」「よくわからないけど、何か気になる」そんな曖昧な感覚で人はチラシを手に取る。チラシを手に取って読んでもらわないと、どんな優れた商品でも知ることがないまま過ぎ去ってしまう。チラシとはお客様とサイエンスホームを結びつける最も重要な入り口である。

そしてその感覚的なものに訴えかけられるのは、言葉にできない感性や、経験で培われた成功パターンのノウハウである。住宅業界に移る前からトップセールスであり、住宅業界に移ってきてからもトップセールスであり続ける専務はこれを持っている。「営業では専務にかなわない」私が営業に関して専務を全面的に信頼して、全面的に任せている理由がここにある。

専務が浜松からわざわざ連れて行く、本部直轄の広告代理店の森長さんは、サイエンスホームのチラシを何百件も手がけている。年に数回、工務店から発注を受けてチラシを作成する、地域の広告代理店とはノウハウの蓄積が圧倒的に違う。経験値も、もちろん違う。当然、でき上がってきたチラシの訴える力は全く違う。専属カメラマンの宇佐美さんにしても同様である。何百件もサイエンスホームの真壁現しの木造住宅を撮り続けている。どこからどう撮れば、その家の魅力がストレートに伝わるかを知っている。有名なカメラマンや優秀なカメラマンなら他にもたくさんいるだろう。しかし、彼は「サイエンスホームの魅力をありのままに伝える」ことに関しては日本一のカメラマンである。

モデルハウスの写真を撮る場合、彼は300回以上シャッターを切る。それから、朝の写真と夜の写真を撮る。写真を朝撮る理由は、朝日の中が一番サイエンスホームの木の家を優しく写すからだ。夜、写真を撮る理由は、照明によって木が温かく写るからだ。カメラマンの都合のいい時間だけ来て、何枚かを言われたままに撮る作品とは全く違うのだ。朝と夜写真を撮るので、鹿児島くらい遠いところになると泊りがけになる。そうやって撮影した写真を使って、森長さんと打ち合わせをしながらチラシを作る。そのチラシを本部で印刷して鹿児島に送る。展示会当日には雷神がかけつける。

ここまでやって、3人の人件費、交通費、宿泊代、雷神の派遣も全て無償である。完全に赤字覚悟で加盟店を手助けして、育てているスタンスである。

こうして細部にこだわり、サイエンスホームの本部ではチラシを作る。加盟店は、チラシを注文するだけで、今まで蓄積された、凝縮された集客のノウハウが詰まったチラシを手にできるのだ。

さらに最近では、これを一歩進めたサービスも行っている。

実際に家が建ったときにも撮影に行く。その時には加盟店である工務店さんの方から依頼があることが多い。チラシの効果を目の当たりにしているからだ。実際に建った家の写真は施工例として次のチラシに使える。

新築完成の写真を撮るときにお客様を入れて撮影する許可がおりた時は、一律10万円ではなく、無償で撮影する。お客様の笑顔を入れた広告の効果は格段に違う。なぜサイエンスホームのチラシは集客できるのかをもう一度考えて欲しい。それは木の家の良さがストレートに伝わるチラシだからだ。何故、木の家の良さがストレートに伝わると集客できるのか。チラシを見たお客様が自分の未来をその家に重ねるからだ。自分がそこでくつろいでいる姿。家族と笑顔で団欒する姿。そういう自分の未来の姿を重ね合わせて楽しむことができるからだ。ならばそこに家だけでなくお客様の顔が入っていたら、より重ねあわせやすくなるのは当然だ。

しかし今のご時勢、そう簡単に誰も彼もが顔入りの写真を許可してはくれない。そこで無償にした。お客様にも工務店さんにも負担なく写真が撮影できる。新築完成の記念写真として勧めやすくなる。お客様もサイエンスホームで家を建てて、本当に満足しているからこそ、他の人にもこの感動を分け与えてあげたいと顔入りの写真を広告に使うことを許可してくれる。そういう流れだ。

この前も宮崎で家を建てたお客様が顔入りの写真を撮ることを許可して下さった。そこで専務と広告代理店の森長さん、カメラマンの宇佐美さんが完成展示会に合わせて宮崎まで行った。飛行機で宮崎へ行き、完成した新築の家とお客様の溢れんばかりの笑顔を撮影する。これだけやって無償である。

しかしこの写真を掲載した広告ができ上がれば、そのチラシを手に取って自分の未来を重ね合わせる人がもっと増える。そうすると今度は実際に暮らしているその家自体が広告として機能し始める。宮崎での集客がさらに増える。宮崎でサイエンスホームの棟数が増え、建った家やお客様が新たなお客様を連れてくる。

そうやって仲間を助けることができるのであれば、これは赤字ではなく投資なのだ。加盟店に投資する。サイエンスホームは、加盟店からロイヤリティを徴収するのではなく、加盟店に投資をするフランチャイズなのだ。この考え方は通常のフランチャイズではあり得ない考え方なのではないだろうか。

サイエンスホームがやっていることは、それだけではない。モデルハウス建築のサポートだ。

　ここまで読み進めてきた方ならもうおわかりだと思うが、サイエンスホームの良さがお客様に一番伝わるのは、実際に木の家を「見て」「触れて」「その空間を感じる」ことだ。ここで欠かせないのがモデルハウスになる。

　よし、サイエンスホームに参加しようと決めて、すぐにモデルハウスを建築できる土地と資金を用意できるところは、どうぞそのまま走っていただきたい。最近新規で加盟してくる工務店さんは、そのほとんどが自力でモデルハウスを建てる。しかし、中にはスムーズにモデルハウスを建てられない場合もある。そして、モデルハウスの現物がなければお客様に伝わりにくいので成約に結びつきにくい。結果が出ないので事業が拡大しない。そういう負のスパイラルに陥ることもある。

　そんな場合、サイエンスホームでは、土地を持っていてモデルハウスを建ててくれる人を探すことを勧めている。

　土地を持っている人に投資物件として勧めるのだ。世の中には所有する土地を有効活用したいと思っている方がいる。例えばそこにアパートやマンションを建てて家賃収入を得たいと思っている方たちである。その方たちにもリスクがある。例えば、賃貸契約者が問題を起こさないか。例えば、借り手がいなくて空室が続く状態にならないかなどだ。

ここからがサイエンスホームの提案である。空いている土地にサイエンスホームの家を建ててもらって、加盟店が建物を借りる。建物は10年間の加盟店との賃貸契約が結ばれる。土地所有者にとっては10年保証で空室の心配が要らない投資物件が得られることになる。工務店にとっては莫大な初期費用なしで賃貸料という経費でモデルハウスを所有できる。これこそまさにサイエンスホームの家に関わる全ての人が幸せになれるウィンウィンの戦略ではないだろうか。

実際に横浜のモデルハウスなどはこれで大成功した例である。横浜は地価が高い。モデルハウスを建てようと思ったら土地だけで坪120万円くらいはかかる。家まで含めてとなると軽く1億円を超える計算になる。しかしこの方法で行うことによって、横浜にリーズナブルでクオリティの高い真壁づくりの家が出現した。これはインパクトがあった。皆がやらないことだからこそ、そこに活路が見出される。考えに考えて生み出した新しい方策である。

自己資金が潤沢ではない痛みを知っているからこそ、悩んでいる仲間の加盟店に有効で実践的な手助けができる。仲間と痛みが共有できる。生みだした新しい方法は、もしかしたら世間の常識から見るとかなり外れているかもしれない。しかしセオリーに縛られることなく、加盟店という仲間を助けるため、木の家が好きなお客様という仲間の力になるため、頑張ってきたからこそ、ここまで来ることができた。これこそが「ワンピース思考」の本質ではないだろうか。

●仲間が増えたからできること

加盟店が増えて仲間が増えてくると色々なことが可能になってくる。

そう聞いて、まず最初に思いつくのが木材などの原材料費のボリュームディスカウントではないだろうか。大量に買い付ける代わりに単価を安くする。外食産業や家電量販店では定番中の定番である。しかしサイエンスホームでは、これに固執しない。理由は簡単だ。お客様が一生に一度の大きな買い物をするのにあたって、粗悪なものが混じる可能性を排除したいからだ。

買い叩いて単価を下げさせれば、買い叩かれた先の利益は減る。収益が圧迫されれば粗悪なものが混入してくる可能性はないとは言えない。なにより「サイエンスホームに関わる全ての人を幸せにするウィンウィンの戦略」というモットーに反する。

もちろん無駄は徹底的に排除して、お客様のところまでいかにして安いままお届けできるかを考えている。良いものが高いのは当たり前、良いものなのに安いからこそ価値がある。具体的に言おう。例えば木曽檜は神社仏閣で一番使われる木だが、神社仏閣に使われるのは樹齢200年や300年以上というものが少なくない。これだけの樹齢の木を育てようと思えば、きちんと栄養が行き渡るように間引きが必要である。いわゆる間伐である。昔はこの利用間伐の檜は歪みが出やすいと敬遠されてきたが、サイエンスホームでは最新の乾燥技術を用いることによって歪みを出さないようにして使う。木の家にこだわりつつも最新の科学技術を取り入れてリーズナブルな価格で提供する。だからサイエンスホームなのだ。

仲間が増えたことで原材料のボリュームメリットは、たしかに存在する。大量に仕入れることで単価は低く抑えることができる。しかし、サイエンスホームはただ安く仕入れられればいいという考え方はしていない。高品質で丈夫で長持ち、安心安全を確保しつつ低価格の木材を使っている。檜の間伐材を使うこともそのための創意工夫の1例である。

実は、原材料費のボリュームディスカウント以外にも、仲間が増えたことのスケールメリットがあるのだ。

1つめは広告である。例えばリクルートの「月刊ハウジング」という雑誌がある。ここに2ヵ月に1度見開きでサイエンスホームの広告が載る。やはり人間、知っているのと知らないというのでは、差は大きい。お客様を安心させるためには知名度も重要である。しかし一工務店では皆が手に取る雑誌の広告費数百万円などは夢である。だから、大手ハウスメーカーしか広告を載せられないのだ。

逆にそこを見ているお客様も存在する。「数百万円の広告を定期的に載せられる会社なのだから、経営母体がしっかりしているのだろう。ここなら自分の家を任せても安心だ」と。一工務店では夢であったが、雑誌広告も全加盟店129店舗が、1万円を出せば129万円になり、大手ハウスメーカーに負けない広告を出すことができる。これは工務店側の宣伝になるだけではなく、お客様に安心を提供できる。これを可能にすることができるのは「サイエンスホームを商品ではなくブランドにする」という戦略があってこそなのだ。皆がサイエンスホーム〇〇店を名乗り、サイエンスホームの木の家を売る。全員が同じ方向を向いている仲間だからこそ広告が意味あるものとなる。まさに仲間が増えたからこそできるメリットだ。

2つめは施工例のダウンロードだ。今までサイエンスホームで建てた家の写真や資料は全てデータ化して、ネット上で管理システムを作っている。新築完成の際に本部からわざわざカメラマンを連れて行く話を覚えているだろうか？　それは完成した家の魅力をストレートに撮るという意味のほかに、もう一つ意味がある。本部のカメラマンが撮影しているので、写真の著作権は全てサイエンスホーム本部にあるのだ。

これは加盟店になった瞬間から、この管理システムを使って、お客様に今まで建ててきた施工例を見せながら説明することができる。既に先駆者達が作った実績を持った状態からスタートできるのだ。そして自分の工務店でサイエンスホームの新築が完成した暁には、その写真や資料も管理システムに載る。今度はその写真が誰かがお客様に説明するときに役立っているかもしれないのだ。直接電話したり、ラインしたりして助け合う以外にも、こうやって間接的に助け助けられる仲間の存在を感じることができる。

3つめは何といっても加盟店同士のつながり、仲間の多さである。大石塾で知り合い、チームを組んだ仲間。その枠を出てどんどん広がっていくネットワーク。3人寄れば文殊の智恵というが、サイエンスホームには3人どころではない仲間がいる。仲間が多ければ、それだけノウハウも増える。アイデアも豊富に出る。今までお互いに手の内を見せたくないライバルだと思いこんでいた他の工務店と、今は手の内を見せるどころか手を差し伸べて、手を携えて共に歩んでいる。

本部も加盟店も関係ない。みんな仲間である。命令するより指導する。競争するより協力する。そういうことが自然にできる仲間を手に入れられることがサイエンスホームの一番の財産であり、メリットであると感じる。

第4章

変わり者たちが集まってきた

●私はあきらめない男だと思う

私が変わっているからか、私の周りには変わった者ばかりが集まってくる。でも、その変わった者たちは、すごい力を持っている。ここからは、大切な仲間を一人一人紹介して行こうと思う。まずは、麦わらの一味のコックのサンジのような三角豪さんだ。サイエンスホームでは、横浜地区のエリアマネージャーをやってもらっている。

自分で自分のことを「できる営業マン」だとアピールしない男だ。サンジがなんでも料理してしまうように、お客様のすべてのご要望に対応し、信頼を勝ち得て、売りまくっているのに、営業成績のことは私の前ではひと言も言わない。謙虚な一面もあるけども、自分が大好きで、独立したら会社名に自分の名前をつけようと考えているような男でもある。

とにかく現場が好きな営業マンだ。普段はスーツ姿の営業スタイルなのだが、自分の手がけた家の施工がはじまると、職人さんと一緒にニッカポッカをはいて職人になりきっている。家づくりが好きで、好きでたまらない男だ。

私は職人さんの手間暇をカットして短期間、低予算で家を建てようと考えているのだが、三角さんは私の指示を無視してこっそり現場に立っている。手間暇かけて家をつくりたいのだ。やりたいのだ。誰よりも現場を知っている。現場監督よりも現場を知っている営業マンだ。

先日は、三重県までお客様の庭に植える木を掘りに行ったという。営業がそこまでやるのは、何よりも家づくりが好きだからだ。

それでは紹介しよう。

神奈川・東京多摩エリアマネージャー　株式会社Ｍｉｌｋｙ Ｗａｙ取締役　建築プロデューサー　三角　豪さん

――営業成績がダントツで高いとお聞きしましたが、三角さんは、いつも、どのような心構えでお客様と接していらっしゃるのでしょうか？

三角：私たちは、建築家のプロとしてお金をいただいている以上、すべてのお客様と真摯に向き合い、お客様のために最善を尽くす義務があると思っています。効率ばかりを考えて、お客様の要望を犠牲にするようではプロとして失格ではないでしょうか。ある程度「非効率」なこともやります。だから、私は現場の大工さんにまじって家を作るんです。

私は横浜生まれ、横浜育ちなので、誰よりも横浜のことを知っています。横浜市は山坂が多く、ときには、横浜市独特のがけ条例により、大規模な土留め工事や地盤改良を必要とする場合があります。そのときは、大幅な資金の増額により、計画を断念される方もおられます。

しかし、私は最後まであきらめません。私たちは、そのなかでも、どのようにすれば建築できるかを行政や関係者と協議しながら、お客様と一緒に家を作っていきます。過去には、建築不可能だと数社断られた方が弊社に来られて、最後まであきらめずに、建築を実現したこともありました。

――営業マンがそこまで親身になってくれたら、お客様は嬉しいですが、会社としては効率が悪くなって生産性が低下するというジレンマがありませんか？

三角：効率だけを求めていたら、こうしたことはできません。お客様と真摯にお付き合いし、お客様のニーズに応えていくと、自然と時間もかかるし、手間もかかるという営業スタイルになってしまいます。

横浜という土地柄もあると思います。横浜は、全国でも1位2位を争うほど、所得の高い人たちが住んでいる場所です。そういう人たちは、安ければいい、機能重視でいいというわけにはいきません。

デザイン性だったり、材質だったり、いろいろな付加価値が必要なんです。横浜の場合は、一棟一棟のデザインが全部異なってきます。個性的な色合いや、間取りなど、お客様の要望をお聞きしていると、サイエンスホームの標準から外れてしまうこともあるんです。

「真壁の木の家」というサイエンスホームの基本コンセプトはもちろん共感しています。ただ、すべてを規格通りにやるというのは・・・たまに守れない部分はあるんです。だから、私は加納社長からは「問題児」だと思われているかもしれません。

——サイエンスホームのなかでは、三角さんは問題児かもしれないということですが、加納社長は、三角さんに自由にやらせている部分がありますよね。

三角：こういう問題児も必要だと思います。それに、ある程度、現場のフランチャイジーが自由にさせてもらえているというのがサイエンスホームのいいところかもしれません。なにしろ、地域によって状況は変わりますから。

例えば、東京だと土地が狭いので、「3階建ての家が欲しい」というニーズがあります。しかし、真壁で3階建ての家は、建築基準法によって建てることができません。

木材でも地方によってニーズが異なります。暖かい九州地方は、シロアリがいっぱいいるので、何が何でも檜じゃなきゃいけません。

――加納社長との出会いは、いつごろですか？

三角：私は加納社長が会社員だったころからのお付き合いです。加納社長が独立して「サイエンスウッド」という会社を、大石専務が「ミルキーウェイ」という会社をそれぞれ立ち上げられて、私は「ミルキーウェイ」の横浜営業所を任されました。

加納社長と大石専務が協力して仕事をしているうちに、仲間が集まり、輪が広がっていったんです。それで、統一したブランドで家づくりをすればお客様にも安心感を与えられるのではないかと考えて、「サイエンスホーム」を立ち上げたわけです。

ですから、いまは、私は「サイエンスホーム」の横浜営業所の所長でもあり、「サイエンスホーム」のエリアマネージャーでもあり、ミルキーウェイの取締役建築プロデューサーでもあります。

たぶん、加納社長の人徳なんでしょうね。私をはじめ、サイエンスホームには強烈なキャラクターの人材がいっぱい集まっています。その個性を殺すことなく、見事に生かすことのできる経営者です。普段、感謝の言葉など言わないのですが、正直、心から感謝しています。

●精神的な影の会長

あなたには、兄弟か、それ以上の友だちはいるだろうか？　学生時代の友だちで、年に数回、ご機嫌伺いをする。そんな友だちのことを言っているのではない。付き合いも、40年以上の付き合いがあり、同じ志を持ち、力を合わせて理想に向かって戦える友だちのことだ。そんな友だちがいるというだけで、人生は大成功だ、と思える友だちだ。

幸いなことに、私にはそんな友だちがいる。名前を出口秀治さんという。今までいろいろなことがあったし、自分の人生を投げ出してしまいたいと思ったこともある。けれども、出口さんがいた。出口さんには、苦しい時には救われたし、今では同じサイエンスホームの名の下、理想を追求する仲間としてそばにいてくれている。出口さんは、サイエンスホームにとっては麦わらの一味の航海士であるナミだ。大海原を航海する我々の、行く先を指し示してくれている。

出口さんは私より3歳年上で、最初に入社した会社の先輩だ。出口さんを一言であらわすと、ひとなつっこい人。だれとでも、友だちになってしまう。出口さんの名古屋のモデルハウスは、客室乗務員の女性とか、飲み屋で知り合った女性とか、出口さんの「友だち」であれば、家を建てるつもりがなくても、お泊まり体験をさせてもらえる。そんな垣根のない出口さんだが、実はいくつもの会社を立ち上げた凄腕の経営者でもある。

それでは紹介しよう。

中日本、中国・四国エリアマネージャー　株式会社サイエンスホーム中日本
取締役会長　出口　秀治さん

——出口さんは加納社長の先輩だったそうですが、当時はどんな間柄で、加納社長はどんな後輩だったのですか？

出口：僕が新卒の加納社長を一番叱っとったんじゃないかな？　私から叱られていたことは加納社長のトラウマになっているらしいよ。別々に働いていた２００６年、加納社長が一番大変な時に名古屋まで訪ねてきたのだけれども、その理由が、

「つらい時こそ、一番嫌いな人に会わなきゃならん」

ということだったから。それから3年ぐらいして、サイエンスホームをうちの会社でも扱うことになって。嫌い嫌いっていうても、好きという意味なんやろうね。

当時から加納社長は本田宗一郎を思い起こさせるところがあってね。いい参謀がついたらいい社長になるやろうなと思わせる人だったね。ほら、本田宗一郎って技術一辺倒でそればっかり追求していたけど、藤沢さんというすばらしい参謀を得たからホンダは世界一の会社になったのでしょう？　出会った頃から加納社長はいい家を安く提供するということを追求していたわね。それは、本田宗一郎の技術一筋に通ずるものがあると思うよ。「リー

ダーシップとひらめき」が当時からあったね。

――加納社長の先輩である出口さんですが、サイエンスホームグループではどういった立ち位置なのでしょうか?

出口：監視役です。というのは、冗談やけど。松下幸之助さんの経営哲学は経営の王道やけど、一つに「共存共栄」というのがあるわね。サイエンスホームもそれに近い、「皆が喜ぶことをしよう」というのがあるのよ。加納社長と参謀役の大石専務は「皆さん幸せになって欲しい」という気持があふれていて、僕らはそれに賛同しているの。それで、僕の持っているファンクション、機能を最大限にサイエンスホームのために生かしてくださ い。というところやね。

それから、そんなことは起きないけれど、もしも加納社長と大石専務が欲得に走ったら、このグループは終わりやね。そこを監視していると言えば、監視しているかな。

あとは、加納社長に、サイエンスホームグループをこれからどう残すか、を考えてくれんかね、と言われているよ。

――サイエンスホームが残り続けるためには何が必要とお考えですか？

出口：「良い会社造りは、良い人作り」、と考えているのよ。会社を残すには、上場という方法もあるけれど、サイエンスホームには合わない方法やね。サイエンスホームグループを残す方法は、ホールディングス化することやね。心意気の高い、意識の高い会社が集まり、株を集めて、ファンドを作り、その中で一番優秀な人をホールディングスの長とする。だから今は、マネージメント力の高い人材育成に力を注いでいるのよ。

――マネージメント力の高い人材はどこで必要とされるのでしょうか？

出口：僕の持っているイメージでは、今の7つのエリアそれぞれで必要やね。7つのエリアとは、北海道・東北。北陸・甲信越。関東。東海。近畿。中国・四国。九州。やけど、地域ごとに特性がありますでしょ？　本部が全部面倒見てたら、本部が大きくなっちゃう。そうすると、会費が高くなるでしょ？　だから、中央政府は小さく。そのためには、エリアごとのマネージャーがもっと、戦略的な能力、マーケティング、生産的なことを身につけないといかんわね。それができたら小さな政府つまり、小さな本部でいいわけね。だから、次世代を担う人たちに経営のことを教えているのやね。

――サイエンスホームのお客様に、驚くべき変化があったということですが、そのエピソードをお聞かせください。

出口：木の家に住むと、ストレスが消えてゆく。ということを証明しようとしている教授もおられるけれど、現象面からは既に、木の家が人間にとっていいことは証明されているよね。僕のところのお客様で、身体障害者で生まれてきた子どもをケアするサービスの会社と、痴呆症の老人のデイサービスの会社があるのやけど。どちらもサイエンスホームの家に引越したら、子どもたちは泣かなくなり、老人たちは動き回らなくなり、涙を流さなくなったのやて。

人間は2本足で立ってから、700万年の歴史があるわね。産業革命は200年前。産業革命以前人間は、森の中で暮らしていて、たった200年でDNAが変わることはないわね。森の中、木の中で暮らすということで人は癒されるということやね。

●バリバリの営業マン

　サイエンスホームがまだ、全国展開をしていなかった頃。知名度の低さのため、大手に敗退したことがあった。お客様はサイエンスホームの建物も、品質も、間取りも、予算も全て気に入っていただいているのに、

「やっぱり大手にして欲しい」

の一言で、計画はひっくり返った。親御さんの鶴の一声だった。その時の我々の悔しさはわかっていただけるだろう。それゆえ、専務とずっと「サイエンスホーム」というブランドを育ててきた。

　今でこそサイエンスホームも全国区。最近の仲間は、大手ハウスメーカー経験者もめずらしくはない。しかし、大手ハウスメーカーのバリバリの営業マンだった久我宏明さんは、今のようにブランドを確立する前から、仲間になってくれている。久我さんがよく話してくれるのは、

「サイエンスホームに加盟してから、ハウスメーカーでの経験やノウハウが、ガラガラと崩れました。サイエンスホームの手法は、全てが大手と逆なのです」

ということだ。

久我さんが仲間になってくれたのが２０１０年。久我さんの加盟によって、大手と真っ向勝負できる力があることを確信した。そう、久我さんは例えて言うなら、麦わらの一味のストイックな三刀流の剣士、ロロノア・ゾロだ。サイエンスホームに大きな力をくれた。

では、紹介しよう。

近畿エリアマネージャー　ＫＳクリエイト株式会社
代表取締役　久我　宏明さん

――久我さんはなぜ、サイエンスホームの加盟店になられたのですか？

久我：大手では主に京都、大阪で仕事をしていました。住宅販売の営業という仕事は、実績と実力さえあれば、どこででもできます。また、今日就職活動を開始したら、明日、職が見つかるような業界です。最悪、固定給をもらわず、歩合で仕事をする覚悟ができて

いるか、だけなのです。8年前に、家族の事情で、京都に帰らなければならなくなり、それから京都で仕事をしています。

京都に戻った当初は、一旦、かつて在職してた大手に復職いたしました。しかし、ありきたりの住宅を高額で販売することに疑問をいだき、一念発起して会社を設立したのです。設立した会社で、ある住宅を建てたとき、施工をお願いした工務店から、完成引き渡し後に

「同じような建物を坪45万円でやっているところを知っている」

との情報を得てしまいました。

ちなみに、私どもが販売した家は、坪75万円でした。工務店の言う、坪45万円の家とは、加納社長の会社、サイエンスホームの家だったのです。同じような家が低価格で存在する。衝撃を受けました。そこで早速加納社長に連絡をとり、浜松のモデルハウスを見学に行きました。

加納社長自らが、サイエンスホームの説明を始められたら、いつ終わるのかな？　と思うぐらい、長い話が続きました。内容豊富にお話しいただきましたが、要約してしまうと

「私は、この家を愛してます」

ということです。自ら生み出した家に対する愛情をひたすら話す「おもしろいおっさん」

との印象が強く残ったのを記憶しております。当時は草創期であったため「加入します」「では契約書を交わします」などというものはありませんでした。軽い気持ちで、「京都でも販売しますよ」と言っただけのつもりが、いつの間にか加盟店になっていました。

——大手との営業手法の違いについて、教えてください。

久我：興味深い事例は数多くあります。どれもお話ししたいのですが一つだけ、モデルハウスの運営についてお話ししましょう。

大手は、モデルハウスを建てる場合、綿密な計画をたてます。さらには運営においても細部に渡るマニュアルがあります。モデルハウスの概要が決まり、最初に行なうことは、目標集客数の設定です。それが、イベント期間中150組だとします。すると、次に必要なのは営業マンの人数を決めることです。150組、目標だとすると、営業は8名必要です。そして、パートさんは2名手配します。

次に、見学に来られたお客様をどのように案内するか、家の中での案内をする導線と、どこで何分、何を説明するかのプランを決めます。お客様が何分モデルハウスに滞在してくださるかが、今後、契約見込み客となるか否か重要な要素だからです。

もし、お客様が15分以上モデルハウスに滞在してくださったら、契約見込み客となる確率がグンと上がります。その15分を、玄関で何分、次に右の部屋に誘導して何分。このポスターの前で何分と、それはそれは、緻密に計画をたてます。営業は兵隊のように、計画通り決めた行動がとれるように、訓練もされます。当日は訓練された営業が、計画通りお客様を誘導します。お客様がモデルハウスで着席し、お茶を召し上がったらもう契約見込み客として成立いたします。

一方、サイエンスホームのモデルハウスに、機械的なマニュアルは必要ありません。お客様は、イベントに来られたら、どこを見てもいいし、どこを開けてもいいのです。戸棚を開ければ、醤油の使いかけが入っていたり、爪楊枝入れがあったりします。冷蔵庫には飲みかけの飲み物が入っています。ベッドに寝てもいいし、トイレは当然使えます。お客様に何を説明するか、どこを見せるかよりも、自由に体感していただくことが何より大切と考えております。

「しかけ」が一つだけあるとすると。京都店のモデルハウスは滋賀県大津市の湖西地区にあります。ＪＲ湖西線おごと温泉駅という快速も停まらない駅から徒歩圏内ではありますが、お客様は、ご自宅からかなりの時間をかけてわざわざ来てくださるのです。お越しになるだけで、一仕事ですから、10分でお帰りになるはずもなく、少なくとも2時間は滞在されます。

2時間もモデルハウスを体感いただければ、おのずと、お客様も自分の家のようにリラックスされます。ハウスメーカーのモデルハウスにくらべて自由に振る舞える分、私どもも気楽にご対応できます。だから、私どももサイエンスホームの仕事が楽しくて仕方がないのですよ。

——サイエンスホームでの活動は、大手ハウスメーカーでの活動より格段に面白い、とおっしゃってますが、どんな点でそのように思われたのでしょうか?

久我：一緒に会社をやっている佐々木も私も大手ハウスメーカー出身なのですが、そこでの定石に沿ったやり方ではないところが楽しいですね。

以前このような事がありました。モデルハウスのイベント告知の例ですが、我々だったら経験則から葉書にはこんな風に写真をいれて、文面はこうでというのがあります。しかし、サイエンスホームには、今までのやり方をことごとく壊されてきました。だから全く違ったやり方を試してみようということになったのです。

そこで、新人の女子社員に、「何でもいいからやってみて」と丸投げしてみました。そうしたら、「モデルハウスで〇〇イベントを開催します」という企画ではなく、「うちカフェやります」という企画を提案してきたのです。「何月何日何時から。コーヒーとおいしいお菓子でおもてなし。皆さんお越し下さい」というキャッチコピーがメインで、サイエンスホームの写真は薄く背景だけの葉書でした。「なんじゃこれ」、と正直思いましたが、結果、そのイベントから2棟のご成約をいただいたのです。

ここでも、ハウスメーカーでの常識がガラガラと崩れ去りました。このようなことが、サイエンスホームで仕事をすることの面白さですね。

——久我さんは、お客様とお話する前に、お客様になる方と、ならない方の見分けがつく、とおっしゃっています。サイエンスホームのお客様にはなにか共通項がおありなのでしょうか？

久我：サイエンスホームのお客様を一言であらわすとすると、「自分の価値観を大切にされている」というところでしょうか。例えば乗っていらっしゃる車が、トヨタや日産というよりも、比較的スバルやマツダが多いです。外車の場合でも、街中で見かける車よりはアルファロメオとかルノーの比重が高いように思います。

サイエンスホームを好む方は、なんとなくですがいい年の重ね方をしておられるように感じます。例えばサーフィンが趣味とか、バイオリンが趣味だとか。つまり、世間一般的にいいといわれているから「私も…」、という考え方ではなく、自分がこれがいいから、これを選んだ、これをやっている、という考え方を常にされている方々なのではないかと感じています。

つまり、販売している私たちも、独創的な提案を存分に打ち出すことにより、こだわりのあるお客様の心をつかめる。そういう意味で、お客様もサイエンスホームの仲間だと思っています。

――サイエンスホームに住まわれるお客様の変化もすごい、とおっしゃっていましたが、どんな変化を遂げられるのでしょうか?

久我：サイエンスホームに住まわれるお客様はなぜか、おおらかになっていかれるようです。これもまた、大手ハウスメーカーで働いていた時の話なのですが、3ヵ月後点検で訪問すると、残念ながら、サンドバック状態で沢山のクレームを伺うことばかりでした。ここは傷が付くものなのかとか。手入れが大変なんて聞いてなかった。こんな風に汚れてしまうなんて知らなかった。素人だから分からなかった、などなど。

サイエンスホームの家に住まわれるお客様は、おそらく、家を建てるときに意識の転換がおこるのだと思いますが、クレームはほとんどないです。もちろん、家は生活をしますから、傷がいったりするのは同じようにあります。でも、サイエンスホームの場合無垢材が内装のメインを占めますから、はがれるということがありません。それから、無垢材は、削れるのです。無垢は削ってもまた同じ無垢がでてきますから、傷が気になるのであれば薄く削ればいいのです。しかし、だからといって、細かい傷ができるたびに削られるかというと、そんなお客様はほとんどいらっしゃいません。「味ですから」とおっしゃるのです。サイエンスホームに出会うまでは、細かいことを気にされていたお客様まで、傷を味、とおっしゃるようになるので、サイエンスホームはお客様をおおらかにする家だとも思っているのです。

●お互いに嫌いだった反骨男

我々の方針はこうだ。サイエンスホームを好きな人にしか売らない。サイエンスホームが好きな人だけ加盟店になっていただく。好きか嫌いか、それがリトマス紙だ。

今でこそ、廣瀬由崇さんはサイエンスホームが好きでいてくれるが、モデルハウスを浜松に初めて見学に来てくれた時には、こんな言葉をもらった。

「こんな家、売れるか」

それからのエピソードはまあ、廣瀬さんから聞いてもらうとして、廣瀬さんの加盟は、フランキーが仲間になったときに似ている。今までも、これからもサイエンスホームグループの七不思議のひとつでありつづけるに違いない。ひとたび火がつくと人間離れした行動力。東日本のエリアマネージャーとして頼りにしている人だ。

では、紹介しよう。

東日本エリアマネージャー　サイエンスホーム東日本ＨＤグループ
ＣＥＯ　廣瀬　由崇《よしたか》さん

――廣瀬さんのサイエンスホーム加盟のお話は語り継がれているようなのですが、どういった出来事があったのでしょう？

廣瀬：俺はもともと不動産屋なのです。埼玉で仲間と会社を立ち上げたりしていたのですが、リーマンショックの時に突然その会社をクビになったのです。その後、今の会社をしかたなく始めて、そこそこ利益は上がっていました。そんな時に、尊敬している大阪の商社の社長から面白い家を建てる人が浜松にいるから会ってみないか？　と言われたのが加納さんと出会うきっかけでした。

家を建てることには興味はまるでなかったのですが、大阪の商社の社長の顔を潰すわけにもいかないので、社員3人と、旅行がてらウナギを食べに行くつもりで浜松へ行きました。浜松でモデルハウスの見学を終えてから、

「こんなの売れないよ」

と加納さんに伝えました。ウナギが食いたいし、酒も早く飲みたかったから、とっとと失礼したかったのです。その日はそれで終わりました。

ところが、加納さんもフランチャイズを始めたばかりだったのでしょう。誰でもいいから入れておけ、というつもりだったのか、何日か後に、埼玉のうちの会社を訪ねてき

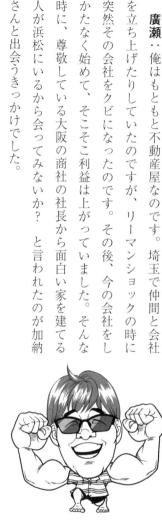

たのです。俺のほうとしては、入ってても入らなくてもいい、いや、むしろ向こうから断ってくれないかな、とも思っていました。でも、加納さんが来てしまったので、駅まで迎えに行ったのです。

加納さんもまた、タイミング悪い人でね。駅に迎えに行ったときに

「あっ加納さん、こっちこっち」

と言って手招きしたちょうどその時、オラオラ系のお兄ちゃんから解体工事のクレームの電話がかかってきたのです。電話越しに脅しめいたことを言われて俺も頭に血が上ったから

「お前、ふざけんな。文句があるなら話きいてやる！　今から行くからそこで待ってろ」

と怒鳴ったのです。そこに、加納さんが車に乗り込んできました。

あとで、加納さんに聞いたところ、その時、この人は危ない人だから、絶対に加盟をお断りしようと思ったらしいです。それから、加納さんを車に乗せ、うちの会社の事務所へ連れていきました。私が

「加盟しても、しなくてもどっちでもいいですよ」

と言うと加納さんは、

「その気になったら入ってくれればいいので」

と言って、いそいそとお帰りになりました。が、その日の夕方、筆書きのきたない字で
「あなたの加盟は謹んでお断りします」

というファックスが来たのですよ。俺が先に断るはずだったのに、失礼な人だと思いました。

そこで、紹介者の大阪の商社の社長に電話をしました。

「俺のことをコケにしているので、今から浜松に文句を言いに乗り込んできます」

大阪の社長には、

「まぁ待て。わしが取りなすから。せっかく会ったんやから仲良くしいや」

と言われてしまったのです。大阪の社長には、加納さんも俺も頭があがらないので、

「とりあえず入れとけや」

の一言で、加納さんはしぶしぶ俺の加入を認め、俺も
「入ったるわ」

と言って、加入したのです。そんな風に入ったのは、俺のところだけですよ。

――不本意ながら加盟されたとのことですが、今はどう思われていますか？

廣瀬：もちろん、加盟してよかったと思っています。住宅産業は、斜陽産業です。人口は減ってきていますし、これから家を建てる人も減っていきます。そんな市場が収縮していく中で、従来の営業方法を例えると、狩猟型の営業方法と言えます。営業マンが狩人で、槍でお客様を強引に捕まえてくるという手法です。獲物である羊が減ってきている中、強引に羊を捕まえるには、槍がカーボン製だろうが、GPS機能がついていようが、獲物が減ってきているので、どうしたって、過当競争です。さらに獲物を捕ったらそれでおしまい。よく言う、売ったら終わりになるのです。

一方、サイエンスホームの営業手法は、畜産型とたとえることができます。お客様が家のことを考える前からお付き合いをいただき、「家が欲しいのよ」という時まで、末永く応援するんです。すると、建てていただいてからも、友人のように仲良くしてくださるお客様ばかりとなります。このやり方であれば、過当競争にはならず、自分たちの商圏のエリアをしっかり守っていれば、会社とお客様との共存共栄が永続的に可能です。もちろん、お客様よりご紹介も多数いただけるのです。サイエンスホームへの加盟で、会社の今後に自信が持てるようになりました。

――サイエンスホームに加盟されて一番変わった点はどういったところでしょうか？

廣瀬：仲間と協力して仕事をする、というところです。不動産業という仕事柄、自分はずっと仕事で知り合った人を信頼する、なんてことは考えませんでした。人は絶対に裏をかくから、それに騙されないように、まずは誰のことも初めは疑いで見ることが習慣でした。だから、サイエンスホームが加盟店を募る目的も最初のうちは、大きく儲けるためのはずだと思っていました。

ところが、加納さんも大石さんも、サイエンスホームのブランディングしか考えておらず、儲けようという考えをあまり持っていませんでした。ブランド力を強めたいその目的は、小さな工務店でも、大手と互角に戦えるように、倒せなくとも、少なくとも月に1棟は契約が取れる戦いをするためのものでした。小さな工務店がブランド力のなさのために敗退しているところを救うためでした。加盟店、仲間を増やしたいのも、ブランド力を強化し、それを仲間に還元するためでした。

他社との協業なんて考えもしませんでしたが、今はこのつながりに居心地の良さを感じています。

●一人でなんでもやってしまうマルチプレーヤー

サイエンスホームは、家作りに関して不可能を可能にしてきた。不可能を可能に出来たのはなぜか？　それは、常識を全部疑い、そこから始めたからだ。だから、加盟店になると決めた工務店さんには、今までの経験則を捨て、全面的に我々を信じてもらうことをお願いする。本部が推奨するやり方に従えば収益は必ず上がる。それで本当に実績があがることは、九州のエリアマネージャーの日当瀬賢さんが証明してくれている。

日当瀬さんは、父から引継いだ工務店の2代目社長だ。たった一人で会社の経営はもちろんのこと、営業、設計、現場監督をこなし、九州地区のエリアマネージャーとして、地区内の他の加盟店をフォローしてもらっている。単独で年間の建築棟数は10軒を超える。

日当瀬さんは、麦わらの一味の仲間に例えると、ニコ・ロビン。髪は長くはないが、アイドルみたいにかわいらしい。けれども、力強い仲間だ。いつも私の話を楽しそうに聞いてくれるから、ついつい喋りすぎてしまう。けれども、うるさい親父の話を聞いている風ではなく、本当に私の言った通りに実行してくれるからきっと私の話が彼のビジネスに役に立っているのだろう。

では、紹介しよう。

九州エリアマネージャー　小山工建株式会社
取締役　社長　日当瀬《ひなたせ》　賢さん

――サイエンスホームに加盟された理由をお聞かせください。

日当瀬：サイエンスホームに加盟する前、僕は本当に悩んでいました。

以前、僕は、大手の住宅メーカーの営業でした。営業でしたので、同郷の友人が家を建てる時に依頼をしてくれたのです。そこで僕は所属するメーカーでの見積もりを出しました。その見積もりは、割引価格であったにもかかわらず、高いと言われました。東京での価格を前提にした住宅メーカーの見積もりは、鹿児島県の価格の感覚にギャップがあったのです。

その経験から、鹿児島で工務店を営む父の会社に入社しました。友人の家は、父の工務店で建築しました。それから、父の工務店で、お客様の好みに合わせて設計する家作りに励みました。すると、今度は自分の特徴が出せないことが問題となりました。特徴がないと、価格競争に巻き込まれるのです。

何か突破口はないかと様々なグループの勉強会に参加しました。参加した九州での工務店の勉強会でサイエンスホームを知りました。興味を持ったので、父と新幹線で浜松で開催された事業説明会も兼ねた宿泊体験に参加しました。

浜松の事業説明会では、加納社長が自らの運転で複数のモデルハウスを案内していただきました。車中では、加納社長の家作りの思いを伺いました。加納社長の思いは父と似た部分も多かったようです。私自身は、加納社長となら、今まで持っていた悩み、「品質を保ちながら価格を安くすること」「何か特徴を持つこと」が一挙に解決できると思いました。また、一緒に宿泊体験させていただいた他県の工務店さんとの懇親会も楽しく、この楽しい仲間に入りたいとも思いました。

帰りの新幹線の中、今までどんなグループの説明会に行っても、参加することに同意しなかった父が、加盟を即断したのです。そして、現在に至ります。

——サイエンスホームの規格通りに作られている、ということですが、そうされるのはなぜですか？

日当瀬：結果、規格通りがすべて上手くいくからです。サイエンスホームの規格通りというのは、無駄を少なくし、シンプルに建てるということです。少しオーバーに言うと、できるだけ四角い家を建てるということになります。

例えば面積が4の建物を建てるとします。規格通りは図1のような設計になります。それをアレンジして、図2のような設計にするとします。図1の外壁は8に対して、図2の外壁は10になるのです。アレンジを加えた図2は、外壁の量が増え材料費が増えます。建築費が高くなります。それればかりでなく、アレンジを加えた図2の家は、外に面している部分が広いので、熱が逃げやすく住まれた後の光熱費もかさんでしまうのです。

これをお客様にお話しし、理解していただきます。すると、極端に規格を変更して建てたいという話にはなりません。僕にとっても、いくつも平行して現場監督をしたり、営業したりしてもミスが起きません。ですから、規格通りが一番なのです。

——日当瀬さんは本当にサイエンスホームグループに参加されて楽しそうなのですが、楽

図1

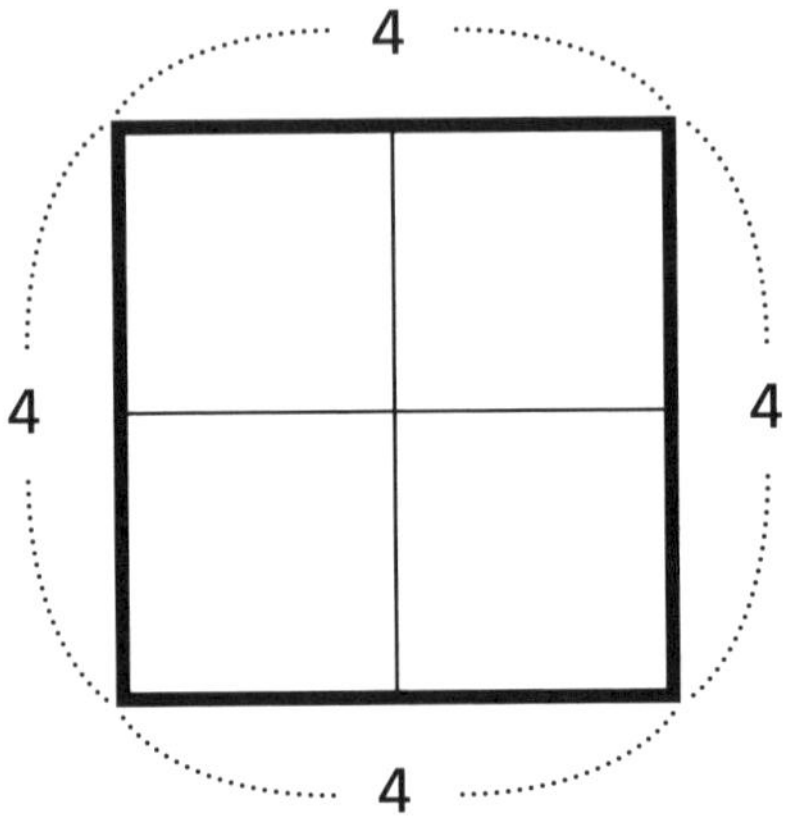

外壁面積 2 × 4 = **8**

図2

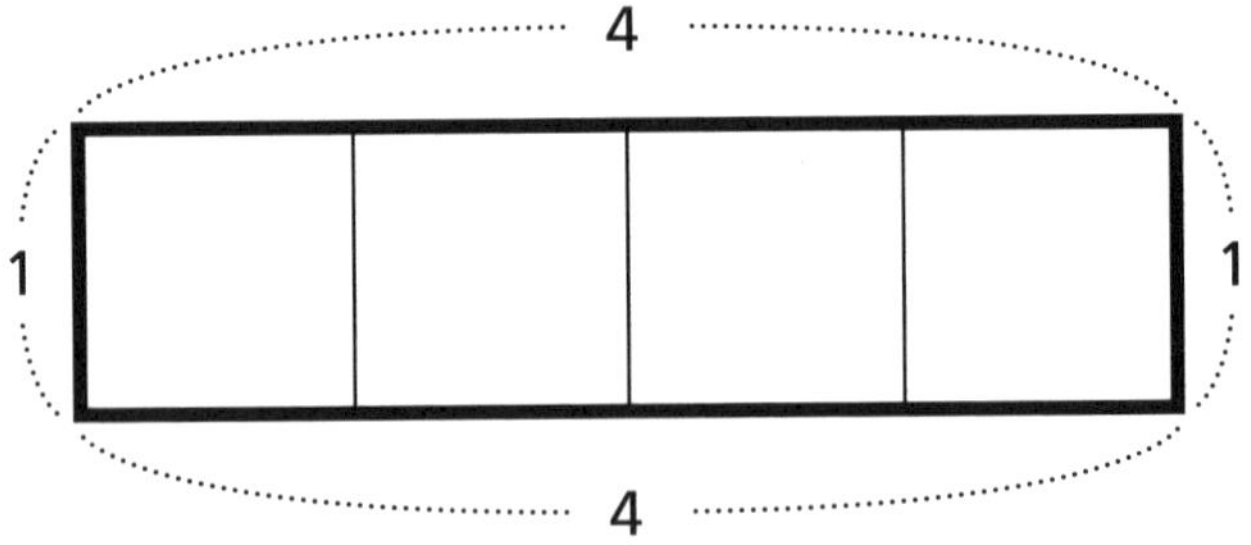

外壁面積 4 × 2 + 1 × 2 = **10**

しさの源はどこからきているのです？

日当瀬：全てからです。サイエンスホームのコンセプトに賛同し、自分に芯が出来ました。加盟前の悩みは全て解決されました。悩みが解決されて将来への不安がなくなり、夢がもてるようになりました。さらに、仲間ができたのです。エリアマネージャー同士のつながりもあるのですが、大石塾の営業魂編というトレーニングに出席して出来たつながりにより、さらに仲間が全国に広がりました。

建築業は地域の産業だから、全国に仲間がいるなんてことは必要ないと思われますか？そんなことはないのです。一人で出来ないことも、仲間がいれば実現できます。それに、仲間には力を貰えるのです。

こんなことがありました。この前打ち合わせした鹿児島のお客様ですが、僕が説明する前にサイエンスホームのことを全てご存知だったのです。理由を聞くと、その方のブログの師匠と広島の加盟店の梶谷さんがつながっていて、梶谷さんのブログから、青森の加盟店の橋本さんのブログにつながったそうです。

橋本さんや梶谷さんのブログにはサイエンスホームのことが沢山かかれています。鹿児島のお客様は、それらを全部読まれてサイエンスホームを好きになったそうです。それで、鹿児島の僕のところに来てくださったのです。梶谷さんも橋本さんも仲間で存じ上げていて、仲間がくれたお客様ですよね。

――家を建てる上で大切にされていることはどんなことですか？

日当瀬：お客様の「クオリティオブライフ」、生活の質を落とさないことを大切に考えています。新築の家は、どんな家でもかっこいいです。勝負は時間が経ってからです。古くなってみすぼらしくなったから、建て替え、では、またお金がかかります。ですから、古くなってみすぼらしくなるのではなく、味わいの出る家であることが重要だと考えています。

また、価格をできるだけ安くすることを目指すのは、このような理由です。家作りにお金をかけすぎてしまいますと、それが家計を圧迫し、例えば、時々の外食や旅行を我慢するようなことにもなりかねません。すると、お客様の日常生活の彩りがなくなります。

一方、低価格すぎて、住むことが不快な家も問題です。「住んでいて、住みつづけて快適」

けれども、過度なお金は家にかけすぎない。そこのバランスの調整が腕の見せ所だと思っています。

第5章

強者《つわもの》たちが仲間に加わった

●ファミリーでサイエンスホームの大ファン

次の世代へサイエンスホームを引き継ぎたい、と私が強く思い始めたのは、八戸の橋本ファミリーが仲間になってくれたころのことだ。橋本ファミリーの会社は、父、好司さんが会長を務める株式会社橋長だ。ご子息のお二人も所属されている。

最初、父、好司さんがモデルハウスを見学に来てくださった。その後、ご子息お二人が仲良く浜松までサイエンスホームを見学にいらした。それは、父の決断の確認だったのかもしれない。見学された当時、上のご子息であるお兄ちゃん、英文さんは、坪100万円はする木造住宅を建築する大手ハウスメーカー勤務だった。見学後、父好司さんと、お兄ちゃんの英文さんでまず1棟、自らサイエンスホームの二世帯住宅を建築した。サイエンスホームの住人になって、ますます良さを実感してくれたのだろう。英文さんは、大手ハウスメーカーを退社し、橋長に入社。サイエンスホームグループの歴史をぬりかえてしまう数値をあげるトップセールスマンとなった。大石塾の東の総リーダーでもあるそうだ。父の跡を引き継ぎ、将来、北海道・東北エリアマネージャーになることは間違いないだろう。嬉しいことに、サイエンスホームを日本一にするとまで言ってくれている。こういった未来を担う力強い30代の仲間のおかげで、サイエンスホームが次世代へ脈々と引き継がれていかれるというビジョンが現実のものになった。
橋本さんは、麦わらの一味の仲間に例えると、船医でトナカイのトニー・トニー・チョッパー。私からは、見えないサイエンスホームの細かな傷を治してくれている。では、紹介しよう。

北海道・東北エリアマネージャー　株式会社　橋長
会長　橋本　好司《よしつぐ》さん

――サイエンスホームに加盟されたときの経緯をお聞かせください。

橋本：サイエンスホームが最初に意識に飛び込んできたのはダイレクトメールからでした。うちの住所は「青森県八戸市」なのに、宛先に「岩手県八戸市」と書いてあったのです。「何だ、この、そそっかしい会社は」と思いました。それでも届いた、ということに見えない

ご縁を感じました。ダイレクトメールは、真壁づくりの家のパンフレットでした。もともと私は、父が製材所を経営していた関係で、子供のころから木が大好きでした。木の柱が見える真壁づくりの家に興味を持ったので、一番近い仙台のモデルハウスをすぐに見に行きました。衝撃でした。ひとめ惚れでした。ひとめでサイエンスホームが大好きになってしまったのです。

我が社は以前、他のハウスメーカーグループで1カ月に29棟販売し、全国10位の営業成績という時期もありました。しかし、サイエンスホームを見学に行った時は、アフターケアが主な事業内容でした。ですから、息子たちにお願いしてまで継いでもらうほどの会社でもないとも思ってしまっていました。息子たちには、「好きなことをやっていいよ」と言っていたのです。

けれど、息子たちは、いずれは継いでくれるつもりでいてくれたのでしょう。長男は大手ハウスメーカーで経験を積んでくれていて、次男は、我が社で一緒に働いてくれていました。

そんな時に、サイエンスホームに出会ったのです。私はぜひ、サイエンスホームグループに加盟したいと思いました。けれども、息子たちに押し付けるわけにはいかないので、控えめに「どう思う」と、まず一緒に働いている次男に相談しました。すると、次男は「兄貴に聞くね」と言いました。その後、二人で浜松まで、モデルハウスの見学と、事業の説明を聞きに行ってくれたのです。帰ってきて二人とも、「ぜひやりたい」と言ってくれました。それで加盟を決めたのです。

――加盟されてから事業はいかがでしたか。

橋本：建物にひとめ惚れして加入を決め、息子たちも手伝ってくれると言ったにもかかわらず、加盟から1年半、サイエンスホームを売る活動が全くできていませんでした。決まった仕事をこなすのに追われてしまっていたのです。長男も、大手ハウスメーカー勤務を続けていました。

1年半経ったところで、社屋を立て直す機会に、社屋の裏の自宅も一緒に立て直すことにしました。サイエンスホームの二世帯住宅として、長男と一緒に建築したのです。そこをモデルハウスにしてからが、本格的なこの事業の始まりでした。サイエンスホームに住み始めてから事業が軌道に乗りました。長男も会社勤務を辞め、活動に本腰が入りました。

――現在のご家族の様子をお聞かせください。

橋本：サイエンスホームに住みだしてから、すべてがハッピーサイクルになりました。息子と二世帯住宅なので、毎日息子たち家族に会えるから、妻が幸せです。すると、私も幸せです。息子家族は、家族での会話が増えたと言っています。孫娘が、「テレビを見ないでお話ししよう」と言うらしいのです。

息子は住んでいて良さを実感しているからか、トップセールスになる勢いの成績を上げています。このすべての幸せは、サイエンスホームのおかげだと思っています。サイエンスホーム、加納社長、大石専務には感謝してもしきれません。ですから、私たちは八戸に加納社長がいらしたら、大歓迎したいのです。でも、噂では、加納社長は以前お連れしたサバのお店に直行して、そのまま八戸店は素通りされて帰られるとのことでした。さびしい限りです・・・というのは、冗談。ということにしておきましょう。

――今後の北海道・東北エリアの展望などについてお聞かせください。

橋本：まだまだ加盟店が足りないと思っています。東北も、北海道も地域性からいくとサイエンスホームが伸びていける地域です。ですから、今の3倍ぐらいの加盟店は必要だと考えています。

そこで、これから加盟される方々にお伝えしたいのは、サイエンスホームには、競合がないから営業がとても楽だということです。営業支援の体制も整っていますし、私も会社は息子たちに任せてしまっているので、できる限りのサポートができます。ぜひ、一緒にやりましょう。

しかし、但し書きがあります。それは、本気で取り組む方限定です。でも、本気さえお持ちならこんなに楽しく、幸せになれる事業はありません。

●給料泥棒から伝説の3億円男へ

サイエンスホームは人生を変えてしまう家である。そのことが一番身に染みてわかっているのは影山真人さんじゃないだろうか。影山さんは、サイエンスホームグループの加盟店でもある私の会社、サイエンスウッドの代表取締役をしてもらっている。影山さんに代表を任せたのは、私自身がもっと自由に全国や世界を動き回りたいからだ。

だが、理由はそれだけではない。サイエンスホームグループは、次世代を担う人材に仕事をどんどん委譲することを推奨している、その一環でもある。であるから、私自身もサイエンスウッドは会長として退き、将来有望な影山さんに代表を代わってもらった。

そんな影山さんだが、初めて知り会ったときの彼は、その後、私が代表の座を譲ることになることなど、みじんも思い起こさせない普通の青年であった。変化の様は、ほら吹きから狙撃の王様、そげキングに変貌した麦わらの一味のウソップのようである。

出会ったのは以前の会社である。私からすると、ごく普通の社員だった。普通ではないことをしいてあげるとすると、アイドルのような外見、というところだろうか。異論もあるだろうが・・・。

以前の会社が紆余曲折あり、サイエンスウッドに入社してもらったのだが、以前の会社であった出来事など、まるでなかったように、影山さんはサイエンスウッドでも普通を貫いていた。ただ、サイエンスウッドでは、普通すぎでも困るので、いろいろな働きかけをした。そして、大化けしたのである。

では紹介しよう。

静岡エリアマネージャー　株式会社サイエンスウッド
代表取締役　影山　真人《まこと》さん

――サイエンスウッドに入社された経緯を教えてください。

影山：以前に働いていた会社で、加納社長は上司でした。といっても、濃い上司と部下の関係があったということは全くなかったです。加納社長は、その会社を辞められ、僕は最後の残務整理の時まで残っていました。

会社がなくなり、どうしようかなと思っていましたが、妻も働いていたので、余り深く考えずパチンコに精をだしていました。なんだったら、パチプロにでもなろうかなと。そこへ、関係者から「お前サイエンスウッドで働けや」と誘われたのです。まあ、妻が働いていたとはいえ、妻子持ち、パチプロよりはいいかなぐらいのつもりで入社しました。

――サイエンスウッドに入社されてから、加納社長が語る、伝説の3億円売った男になるまでのことをお聞かせください。

影山：サイエンスウッドには営業として入社しました。にも関わらず、8カ月ぐらい、全く何も売れませんでした。親分（加納社長）は、売れなくても半年はしょうがないと言います。でも、僕は8カ月間、何も売れませんでした。おまけに、サイエンスウッドは、真壁の家が主力商品だから、真壁の家を売らなければなりません。なのに、僕が最初に売った家は、普通の大壁の家でした。

真壁の家のどこがいいのか？　以前勤めていた会社での経験があって、「真壁いらないから」と思っていました。だからサイエンスウッドは辞めようと思ってもいました。真壁の家なんて売りたくなかったのです。

そんな僕に、親分は

「家なんて売らなくてもいいから。契約取ってこなくていいから。とりあえず、家の良さを知ってもらうために、体験入居だけ、実際に泊まってもらうことだけ。とにかくそれだけやれや。じゃないと、お前知らんぞ」

と言いました。営業で入社して8カ月、売り上げゼロ。これじゃあ給料泥棒だ。まあ、そうだよな、と思いました。妻と子どもの手前、また、パチンコ漬けの生活に戻るわけにもいかないのと、お給料をしっかりもらっている引け目もあったので、次の日から体験入居をしていただけるお客様の募集だけを頑張りました。

そうしたら、その翌月から、毎月1棟、2棟、3棟と売れだしたのです。その時のことを親分が「半年で3億円売った男」と語り継いでくれています。

――突然売れるようになった、その秘訣を教えてください。

影山：体験入居をしてくださるお客様の募集を始めて、いろいろな気づきがあったのです。まず、いらしたお客様に、家の特徴を説明しますよね。そこで、真壁づくりの良さを説明します。話しているうちに、嫌いだと思っていた真壁づくりの家が「あれ俺、本当は真壁の家好き?」と思いだしたのです。と同時に、今まで自分の売っている商品を「愛してもいないのに売っていた」ことにも気づきました。好きでもない商品を一生懸命売ろうとしたところで、売れる訳がない。

もう一つ気づいたことがありました。それは、仕事に向き合う姿勢でした。毎週毎週、お客様に体験入居していただくことにより、「この仕事をやるのだ」と仕事にきちんと対峙したのです。振り返ると、それ以前の僕は、仕事に背を向けていました。売れないダメな営業マンって実は、仕事から逃げている営業マンなのですよね。

売っている商品を好きになり、真っ向勝負で営業という仕事に向き合った。そうしたら、どんどん売れだしたのです。

――突然開眼して売れる男になってから代表になられるまでの経緯をお聞かせください。

影山：売れだしたら、商品も仕事も親分も好きになったのです。実は、親分のことを以前は、お給料をくれる食いぶちとしてしか見ていなかったと思います。売れだしたら、親分のこと好きになってしまって。僕が一番親分と飲みに行くのです。

代表を譲られた理由は、当然、営業成績が良いということはあると思うのですが、それ以上に、僕は誰よりも親分とお酒を飲むのですよ。僕は、何よりも親分との飲みを優先します。誤解しないでいただきたいのですが、それは、仕事の義務として行くわけではないのです。ただ、親分と話すのが本当に楽しいから行くのです。

飲みに行くと、サイエンスホームの今後のビジョンとか、人生観、人間観、仕事観とかバンバン話が出るのです。もっと、細かなこともあります。職人さんの扱い方とか、コストを抑えるための設計だとか。集金についてだとか。飲みの席で親分に言われたことを、すぐ実践するのですよ。すると、その試みは成功するのです。それが楽しくってね。ずっと繰り返してきました。そして、代表に就任する1年半前に、代表になる前提で役員になり経営的な勉強をさせていただき現在に至ります。

●風神とよばれている男

全国に仲間ができた。夢だった全国展開ができたということだ。しかし、ここで終わりではない。勝負はここからだ。さらなる発展のために、個々の仲間の力がどんどん伸びることで、日本一のハウスメーカーというビジョンを実現したい。

仲間たちにお願いしているのは、「自らの力でサイエンスホームを使って発展していってください」ということだが、だからといって指をくわえてみている我々ではない。仲間のサポートはする。仲間のサポート隊として、強力なチームを本部に作った。それが、本部営業だ。二人のゼネラルマネージャーは専務や私、直伝の営業魂を持つ男たちだ。そのうちの一人、平野さんはさしずめ、ルフィと幼いころ兄弟の盃を交わした、驚異的に強いサボだ。あまりの勢いに、東の風神と言われているらしい。営業サポートが必要な仲間のところには、喜んで飛んでいきサポートする。

では、平野さんを紹介しよう

株式会社サイエンスホーム　ゼネラルマネージャー
平野　秀次さん

――平野さんは、本部で東日本エリアの統括、営業サポートをされていらっしゃいます。そこで、サイエンスホームの営業の取り組み方について伺いたいのですが、営業に魂を注入する「営業魂」と皆さんおっしゃったりしています。それはどういったことなのかお話しいただけますか？

平野：魂を込めてお客様、仕事に向き合え、と言うことです。どんな仕事もそうですが、

「魂」が込もってなければ、どんな仕事だってうまくいかない、成功しないと思っています。今は、以前と比べて魂が抜けていることが増えていると感じています。

例えば何かを誰かに伝えるとします。すぐメールでやり取りとか、ラインでやり取りすれば伝わりますね。とても便利なコミュニケーションツールで僕ももちろん使っています。でも、本当に伝えたいことは、顔を見て伝えないと伝わらないと思っています。

つまり、メールやラインでのやり取りより、会って話すほうが魂がこもっていると思っています。そうは思いませんか？　仕事の要件を満たせばそれでいい、というのではないのです。魂を込めてお客様に向き合う、というのは、魂がこもった行動や姿勢の積み重ねのことで、営業魂とはその総称のことなのです。

――では、「魂を込めて仕事をする」ということがどういうことなのか教えてください。

平野：魂を込める、というのは、「この5ポイントを押さえれば、魂が入りますよ」というように、決まった何かで説明ができることではないのです。だから、教える側には「背中を見せろ」となりますし、教わる側には「背中を見ろ」となってしまいます。

僕も大石専務からは、後姿でしか教わったことがないのですが、それでも都市部の住宅営業よりずっと好成績でした。背中で伝わるのです。

しかし、ここでは、伝わらないので、「魂を込めて仕事をする」という一つの例として、僕が大石専務にずっとついていこうと思ったきっかけの出来事をお話ししましょう。

大石専務との出会いは、25年ぐらい前の学校を卒業したばかりの時でした。その後入社するアパレルの会社でアルバイトをしていた時のことです。アルバイトとして、営業マンの販促ツールであるニット生地のサンプルを作っていました。150枚ぐらいの小さなニット生地のサンプルを並べて台紙に貼るのです。そこへ、長身で短髪オールバック。ちょっと怖い雰囲気の人が来ました。そして、言うのです。

「お前ら、いいか。お客様の顔は見えなくても、お客様に気持ちが届くように、生地一枚も心を込めて貼りなさい。一枚一枚気持ちを込めて並べて、まっすぐきっちり貼るんだぞ」

それが大石専務でした。作っていたサンプルは、お客様が見るので、ずれたりしていたら絶対にだめなのです。まだ、学生気分だったこともあって、

「何だこの人」

と思ったのですが、いい意味でカルチャーショックも受けました。その瞬間から「この

人にずっとついていこう」と思ったのです。

大石専務が背中で見せてくれ続けた、仕事に魂を込める、というのは、こういったことなのです。

――平野さんは、加納社長からも営業魂を引き継がれているそうですが、どういったことを引き継がれたのですか。

平野：加納社長は今は、「営業や戦略的なことは全部、大石専務にまかせている」とおっしゃってます。けれども、実は営業としてもすごいのです。加納社長は、学校を卒業した後すぐに入社された会社のトップセールスマンだったので、『紹介受注100％』という本にもなったぐらいです。

僕はアパレルメーカーから、大石専務に続き、ハウスメーカーに転職し、そこで、加納社長の部下になりました。その会社では、始めの頃、全く成績をあげられませんでした。一年で2棟しか契約がとれなかったのです。加納社長に、毎朝8時から1時間、会社に呼ばれ、正座させられてお説教されていました。

「こんな成績やったら、わしやったら辞めている。こんな思いして会社に残れん。工場で働いたほうが金になる」

加納社長がずっと言うのです。加納社長は退職を勧めていたのかもしれません。営業は、固定給が安いから、成績が上がらなければお給料は安いままです。でも、僕は1時間もお説教してくれるところに、愛を感じてしまって「この人、僕のこと大好きなんだ」と勘違いしていました。

加納社長が

「平野、営業はこうやってやるもんや」

と、教えてくれたのは、お客様の懐にどんどん入っていくスタイルです。お客様のお宅にアポイントメントなしで訪問します。

「加納やけど、今近くに来たから」

といって、電話をしておしかけるのです。お宅に伺ったら、「元気?」とか、「娘はどうしている?」とか、ただ世間話をするだけです。

加納社長によると、お客様のところは、コーヒーを飲みに行くところなのだそうです。そういった関係をずっと続けて、何年かするとお客様のほうから、

「実は娘が結婚して家を建てるから、相談に乗ってくれる?」

という話が出るのです。こういったスタイルが加納社長から引き継いだ営業魂です。

こうやって仕事への姿勢や営業魂を引き継いだのです。僕ともう一人のゼネラルマネージャーの渡邉も、加納社長、大石専務の両方から学びました。今、その魂、愛を次の世代へ引き継いでいっています。

●雷神とよばれている男

頼もしい仲間の紹介の最後は、渡邉さんだ。渡邉さんが、皆から「雷神」と呼ばれているのを聞いて、なんと見た目に合うあだ名だなと思った。渡邉さんの、結んだ約束を絶対に守る性格は、ジンベエのようだ。見た目も似ている、と言ったら怒られるだろうか。それに、魚人島の平和を願う温厚なところも似ているんじゃないかな? 内面は優しく、真面目すぎる男だ。サイエンスホームを日本一にするために、私と大石専務の営業魂を仲間に注入するために、戻ってきてくれた以前の仲間のうちの一人だ。

では、紹介しよう。

株式会社サイエンスホーム　ゼネラルマネージャー
渡邉　清也《せいや》さん

――どんな経緯で、サイエンスホームの雷神になることになったのでしょう？

渡邉：社会人になった当初は、大石専務と同じアパレルメーカーで働いていました。大石専務がハウスメーカーに転職された後に、私も転職したのです。そこで、加納社長、大石専務の下で二人の部下でした。私も平野と同じように、加納社長、大石専務二人の営業魂を引き継いでいるのです。

加納社長が、その会社を辞められることになって私もその会社は辞めました。加納社長が立ち上げられたばかりのサイエンスウッドに営業として入社しました。2年間は加納社長と一緒にやっていたのですが、その後独立しました。そして、8年間は自分の会社で活

動していました。サイエンスホームの仲間たちに、営業魂の注入が必要だと誘われて、戻ってきたのです。自ら去っていったのに、また、仲間になる、アニメの「ワンピース」でも喧嘩したりして、何年か単独で活動してまた集まったりしますが、まさにそんな感じですよね。サイエンスホームに参加してからは、大石専務の右腕、左腕ということで風神・雷神と呼ばれています。

――渡邉さんは、本部で西日本エリアの統括、営業サポートをされていらっしゃいます。サイエンスホームの「営業魂」と皆さんがおっしゃっていることはどういったことなのかを教えていただけますか？

渡邉：「お客様に尽くす」ということです。契約を決めていただいたお客様が契約するのは、会社ではなく、契約をお願いした営業本人です。その気持ちで、お客様に向き合います。ですから、家を建てていただいたお客様とは、一生のお付き合いをするつもりですし、今までいくつか会社をかわってきましたが、すべてのお客様と、お付き合いが続いています。「お客様と、一生のお付き合いをする」という覚悟と責任の気持ちからくる行動が、

「お客様に尽くす」ということだと思っています。

――「お客様に尽くす」ということをもう少し具体的にお話しいただけますか?

渡邉：例えば、クレームの多いお客様にでも、ひとつづつ丁寧に対応する、ということです。クレームというのは、ときにありがたいもので、それだけお客様のところに何回も行けます。何回も通っているうちに、「渡邉さん、いいね」という話になり、そのうち、「渡邉さんもう一つこれもやってよ」となったりするのです。

もしも、目先の数字ばかりを追っている営業だとすると、クレーム処理は新たな売り上げの数字になりませんし、面倒くさいことですから、他の人にやらせようとします。「おまえかわりに行ってこいや」

これを言った瞬間、人に任せた瞬間に、お客様がお客様ではなくなるのです。

僕は、今まで150棟ぐらい建てていただいているのですが、全てのお客様と今でもお付き合いをしています。繰り返しになりますが、「一生お付き合いする」ためには、お客様に何をして差し上げられるか。それを考えて、実践していくことが、「お客様に尽くす」

ということだと思っています。

●敵じゃないよ、みんな仲間だよ

サイエンスホームはみんなが主人公の組織である。社長の私1人が主人公ではない。そもそも、スーパーマンが1人ですべての問題を解決して、世界の平和を守るというような時代ではないのだ。

アニメの「ワンピース」のように、仲間が大切な時代だと思う。「ワンピース」という言葉は「ひとつなぎの大秘宝」のことを言うのだが、「1つ1つのピース（1片／1個）」という意味にも取れる。

アニメの「ワンピース」は主人公のルフィもスゴイ奴だが、仲間にも力のある連中が集まっている。1つ1つの個が強いのだ。

そして、個が全体のために結束している。全体は個のために命をはる。決して、全体のために個が犠牲になったりはしない。そういう組織をサイエンスホームは目指している。

大企業は業績不振になると社員のクビを斬る。社員同士を競争させて、負けた者が脱落していく。競争社会では、当たり前なことかもしれない。会社を存続させるためには、個が犠牲にならなければいけないのはよくわかる。歴史は常に、全体のために個が犠牲になってきた。

しかし、私たちは、その常識に挑戦している。内部競争はしない。個々の目標があるだけだ。加盟店が立てた目標を達成するために、本部は全力でバックアップする。教育もするし、広告宣伝のプロを派遣するし、営業の専門スタッフも応援に駆けつける。全国の加盟店は大事な仲間なのだ。もちろん、お客様も一生のお付き合いをする仲間だ。私たちのことをライバル視している地域の工務店さんたちも、私たちは仲間だと思っている。木の家が好きな人は、みんなサイエンスホームの仲間なのだ。

私たちは、木の家が好きだ。木の家が好きで、楽しく働いている人たちがつくるからこそ、いい家がつくれる。木の家が好きな人たちが集まって、楽しく家作りをしているところに頼んだ方がいいに決まっている。だから、いい家ができる。大手ハウスメーカーが真似できないようなこともできる。本来、家作りは楽しいものなのだ。私たちは心から家作りを楽しんでいる。だから、サイエンスホームに注文が殺到している。

何度も言うが、私たち、サイエンスホームは木の家が好きな仲間が集まった組織だ。楽しく家作りに取り組んでいる。夢中で仕事をしている。1人1人は個性的でともするとバラバラな行動をすることもある。だが、共通点は木の家が好きだということだ。真壁の家は古くならない。家は住めば住むほど味がでる。そのことを、私たちは誰よりもよく知っている。

木の家が好きな人は、みんな、私たちの仲間だ。

そもそも、望むものを1人で手に入れても楽しくないだろう?

仲間と一緒に手に入れるから楽しいんだ。仲間と一緒に苦労するからおもしろいんだ。どんなに苦しいことがあったとしても、仲間がいると頑張れる。どんなに真っ暗闇で先が見えない時代になろうとも、仲間がいて、1人じゃないんだと思えたら、そこに一条の光が見えてくる。

最後に、アニメ「ワンピース」に登場するウソップというキャラクターのお話をして終わりにしよう。

ウソップの異名は「狙撃の王様／そげキング」だ。鼻の長い顔立ちが特徴。シロップ村の出身。狙撃の名手でその手腕は仲間からも一目置かれている。しかし、嘘つきで臆病者なのだ。父親のような「勇敢なる海の戦士」になることが夢なのだが、臆病な性格から、戦いになると誰よりも先に逃げてしまう。

そんなウソップに転機が訪れる。シロップ村を襲撃に来たクロネコ海賊団を迎え撃つ戦いでのことだ。ルフィらとともに戦ううちに、勇敢な側面を見せる。キャプテン・クロらが資産家の娘カヤの暗殺を企てるのだが、ウソップは勇気を振り絞って暗殺者を倒す。

このエピソードのなかに、人生を変えるポイントが詰まっているように思う。

あなたが、もしも、いまの人生に不満を感じているのなら、いまの生活をもっと豊かなものにしたいと思っているのなら、自分の性格を変えたいと思っているのなら、この3つのポイントを心に刻んで欲しい。

1つは、決意することだ。ウソップは、愛する村を守るのだと決意した。この決意が人生を変えるきっかけとなる。

2つは、まず1歩踏み出すことだ。行動なくして変化はない。人生は死ぬまで成長し続けることだ。そのために、間違っていてもいいから1歩、前へ踏み出すことだ。

3つは、勇敢な仲間を持つことだ。人間は、仲間によっていかようにも変化する。悪い仲間とつき合うと本人まで悪者になってしまう。悪者の集団や、臆病者の集団に、決して、近づいてはいけない。

勇敢な仲間に近づくべきだ。勇敢に前へ進んでいる仲間のなかに飛び込んで、積極的に、その色に染まることだ。そうすれば、あなたも勇敢に人生を切り開いていけるだろう。

ルフィたちが、シロップ村から立ち去るときだ。ウソップは、ルフィたちとともに海へ出たがっていたが、なかなか言い出せずにモジモジしていた。嘘ばっかりついていたこれまでの自分を顧みると恥ずかしくてたまらないものがある。臆病者の性格も、まだ完全になくなったわけではない。ウソップはそんな気持ちだったはずだ。

そんなとき、ルフィがこう言う。

「俺たち、もう、仲間だろ」

最後まで本書を読んでくださった、あなたも、もう私たちの仲間だ。

サイエンスホームの全国にあるモデルハウスに来てみていただきたい。自分の目で見て、体で感じて、仲間になるかどうか決めていただければ幸いだ。

縁があったら、ぜひとも、会いましょう！

あとがき

最後までお読みいただきまして、ありがとうございます。

サイエンスホームが掲げる「ワンピース思考」がご理解いただけましたでしょうか？

ある工務店のお話です。

地方での会社経営は大変です。大氷河期と言っても過言ではないと思います。それは、住宅業界だけでなく、農業も林業も、販売業も、すべて冷え込んでいるのです。

人口は減少するばかりです。若者たちは、都会へ出ていきます。かつて賑わっていた商店街も多くはシャッターを閉じたままです。

その工務店の社長さまは、生き残りをかけて孤軍奮闘しました。チラシを作り直して広告戦略を見直しましたし、コストカットにも取り組みました。しかし、地方の零細企業にできることは、限界があります。

ことごとく失敗し、最後の望みと思い、その工務店の社長さまは、息子さんと一緒にサイエンスホームの扉を叩いたのです。

サイエンスホームという全国ネットの加盟店になりました。

するとどうでしょう？

地区でも1位、2位を争うほどの住宅会社へと成長したのです。

サイエンスホームの「ワンピース思考」が間違っていなかったことを、見事に証明してくれました。

サイエンスホームは木の家にこだわっています。ですから、お客様も、木にこだわりのある方が多いです。サイエンスホームがどのような家を作っているのかは、写真で見ていただいたほうがわかりやすいと思うので、「加納文弘著（2016）『木の家が好きーだからこの家を手に入れた実例24選』幻冬舎」を出版しました。興味のある方はぜひ、そちらを見ていただければ幸いです。

本書を出版するにあたり、多くの方々に尽力いただきました。この場を借りて、御礼申しあげます。

そして、最後まで読んでいただいた、読者のあなたにも感謝申し上げます。

著者プロフィール

加納文弘（かのうふみひろ）

石川県出身。高校卒業と同時にハウスメーカーに就職し、その後浜松へ転勤。29歳のときに浜松でハウスメーカーを立ち上げる。20代より一貫して、低価格で高品質な木の家の研究を続け、2006年、株式会社サイエンスウッドを設立。真壁づくりの家を本格的に展開。全国、世界を見据え2011年、株式会社サイエンスホームを設立。不可能を可能にした真壁づくりの家、サイエンスホームはその集大成である。

ワンピース思考の仲間が、木の家を建てる!!

2016年10月20日〔初版第1刷発行〕

著　者	加納文弘
発行人	佐々木紀行
発行所	株式会社カナリアコミュニケーションズ 〒141-0031　東京都品川区西五反田6-2-7 ウエストサイド五反田ビル3F TEL　03-5436-9701　FAX　03-3491-9699 http://www.canaria-book.com
印刷所	石川特殊特急製本株式会社
装丁・本文デザイン・DTP	有限会社アヴァンデザイン研究所（加藤君平）
表紙イラスト・本文イラスト	加納詩織

ISBN978-4-7782-0367-2　C0034

カナリアコミュニケーションズの書籍ご案内

2016 年 8 月 20 日発刊
価格　1500 円（税別）
ISBN978-4-7782-0364-1

勝ちぐせ。
ハッピーを味方につけて勝ちぐせをつけるための７つのコツ

廣田 さえ子　著

人間も会社も、ひたすらのめりこんで仕事をやる“ダッシュ期”がある。だが、不安や迷いもある。若者は動き方が分からず、経営者は孤独。

そんな彼らへの応援メッセージ。

2016 年 5 月 31 日発刊
価格　1400 円（税別）
ISBN978-4-7782-0359-7

大真面目に波瀾万丈人生
～シニアになっても直球勝負～

田中　和雄　著

自分の人生は自分でしか作れない。

新潟県山古志村から出て世界を駆け巡り、ミャンマーに行き着くまでの「振り返れば波瀾万丈の人生」から自分流の人生の作り方を読み解く！！

カナリアコミュニケーションズの書籍ご案内

2016 年 5 月 10 日発刊
価格　1500 円（税別）
ISBN978-4-7782-0334-4

ツクル論

三宅　創太　著

「日本のために、自分は何ができるのか？」、「ＩＣＴを社会にどのようにして役立てられるだろう？」自問自答を繰り返し、「より良い社会をツクル」を志に一念発起して起業した筆者が、今後のビジョンを交えて独自の『ツクル論』を展開！

2016 年 4 月 15 日発刊
価格　1500 円（税別）
ISBN978-4-7782-0332-0

幸働力経営のススメ2 失敗から学んだあくなき挑戦の20年

金川　裕一　著

「社長」とは何なのか？　社長人生20年の著者が、「元気な会社」の作り方を伝授！
社員が元気になる人事制度、評価の方法をご紹介。
仕事に真摯に向き合ってきた著者の経験が凝縮された言葉が満載。
全ての経営者、企業を志す若者達の必読の書となること間違いなし。

カナリアコミュニケーションズの書籍ご案内

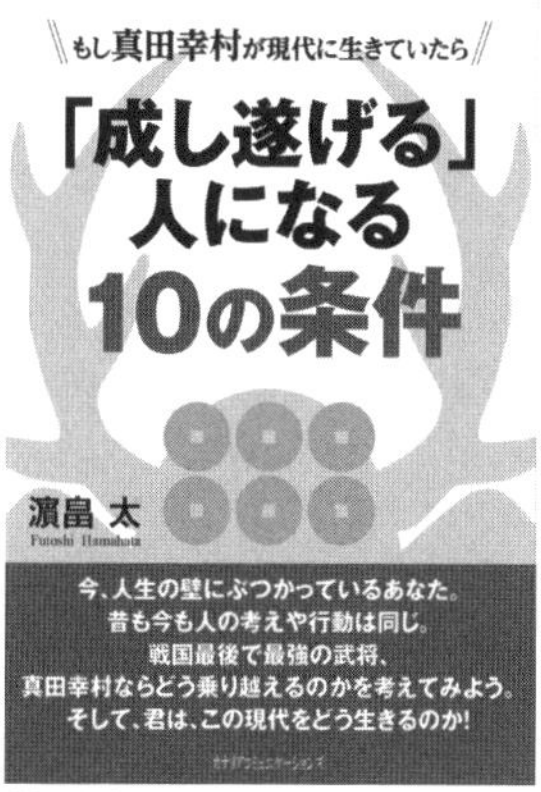

2016 年 2 月 29 日発刊
価格　1200 円（税別）
ISBN978-4-7782-0329-0

もし真田幸村が現代に生きていたら「成し遂げる」人になる10の条件

濵畠 太　著

一度定めた目標は、最後までやりきること。

文字にして書くと簡単なようで、実行すると多くの乗り越えなければならない壁が目の前に表れる。それらの壁を越えるための「最後までやり抜く力」を、真田幸村という戦国時代の人物像にかさね、導き出す。

2016 年 1 月 10 日発刊
価格　1400 円（税別）
ISBN978-4-7782-0324-5

「高ストレス社員ゼロ」の職場をつくる本

石井　香里　著

企業にとっても、そこで働くすべての人たちにとっても、メンタルヘルス対策、職場の環境改善対策は「取り組む必要がある課題」となる。

「アンガーマネジメント」や高ストレス社員を守る「怒りのコントロール術」など、企業担当者の視点から役立つ情報と具体的な対処法をわかりやすく紹介する。

カナリアコミュニケーションズの書籍ご案内

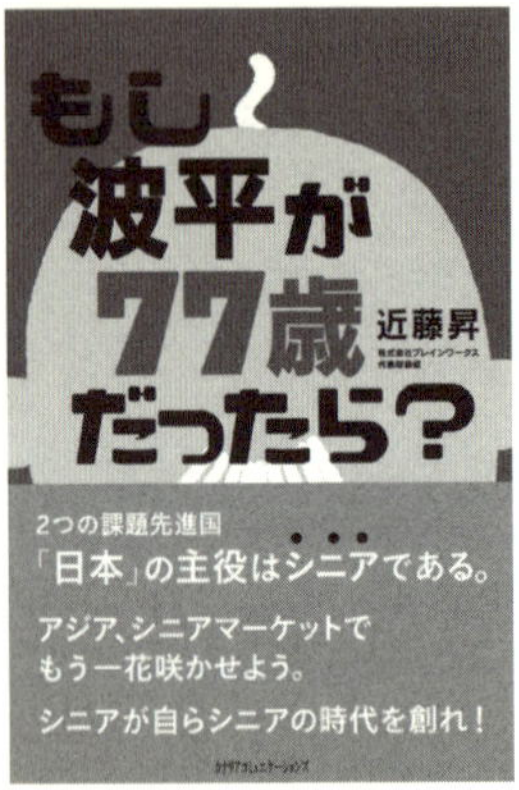

もし波平が７７歳だったら？

近藤昇　著

第１章　シニアが主役の時代がやってくる
第２章　アジアでもう一花咲かせませんか？
第３章　日本の起業をシニアが活性化する時代
第４章　中小企業と日本はシニアで蘇る
第５章　シニアは強みと弱みを知り、変化を起こす
第６章　シニアが快適に過ごすためのＩＣＴ活用
第７章　シニアがリードする課題先進国日本の未来

2015 年 1 月 20 日発刊
価格　1500 円（税別）
ISBN978-4-7782-0291-0

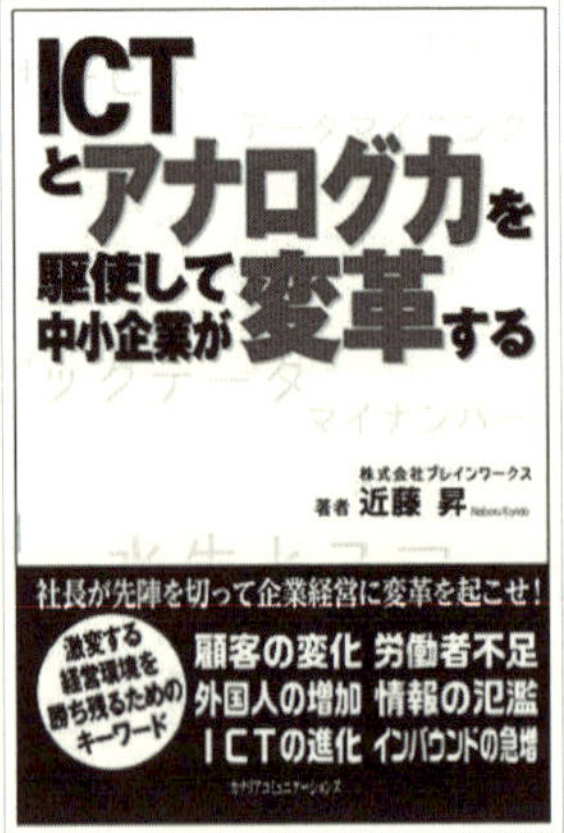

ICTとアナログ力を駆使して中小企業が変革する

近藤　昇　著

第１章　ＩＣＴに振りまわされる続ける経営者
第２章　アナログとＩＣＴの両立を考える
第３章　パソコンもオフィスも不要な時代
第４章　今どきのＩＣＴ活用の実際
第５章　エスカレートする情報過多と溺れる人間
第６章　アナログとＩＣＴの境界にリスクあり
第７章　水牛とスマートフォンを知る
第８章　中小のアナログ力が際立つ時代の到来

2015 年 9 月 30 日発刊
価格　1400 円（税別）
ISBN978-4-7782-0313-9